XIANDAI FUWU WAIBAO QIYE CHUANGXIN
YANJIU YU GUANLI SHIJIAN

现代服务外包企业
创新研究与管理实践

主编 \ 杨宜　　　副主编 \ 杨冰

知识产权出版社
全国百佳图书出版单位

图书在版编目（CIP）数据

现代服务外包企业创新研究与管理实践/杨宜主编. —北京：知识产权出版社，2015.5
ISBN 978 – 7 – 5130 – 3039 – 7

Ⅰ. ①现… Ⅱ. ①杨… Ⅲ. ①服务业 – 对外承包 – 企业管理 – 文集
Ⅳ. ①F719 – 53

中国版本图书馆 CIP 数据核字（2014）第 225520 号

内容提要

本书对现代服务外包企业创新与管理的热点问题进行了研究，内容涉及服务外包产业发展、服务外包企业管理、服务外包企业金融、服务外包企业电子商务等诸多领域。本书可供服务外包研究者及从事服务外包企业管理工作的相关人员借鉴参考。

责任编辑：张筱茶　　　　责任出版：谷　洋

现代服务外包企业创新研究与管理实践
杨　宜　主　编
杨　冰　副主编

出版发行：	知识产权出版社 有限责任公司	网　　址：	http://www.ipph.cn	
社　　址：	北京市海淀区马甸南村 1 号	邮　　编：	100088	
责编电话：	010 – 82000860 转 8180	责编邮箱：	baina319@163.com	
发行电话：	010 – 82000860 转 8101/8102	发行传真：	010 – 82000893/82005070/82000270	
印　　刷：	北京虎彩文化传播有限公司	经　　销：	各大网上书店、新华书店及相关专业书店	
开　　本：	787mm × 1092mm　1/16	印　　张：	11	
版　　次：	2015 年 5 月第 1 版	印　　次：	2015 年 5 月第 1 次印刷	
字　　数：	110 千字	定　　价：	38.00 元	

ISBN 978 – 7 –5130 – 3039 – 7

前　言

当前，以现代服务业转移为主要特征的新一轮世界产业结构调整方兴未艾，服务外包作为新兴的战略性产业，正面临难得的发展机遇，也成为各国展开新一轮竞争的重要领域。大力发展服务外包产业是优化产业结构、提升产业竞争力的重要途径，对于我国经济发展有着极其重要的作用。截至 2014 年 5 月，我国服务外包企业达到 25969 家，服务外包从业人员达 561.9 万人。因此，探讨和研究我国服务外包产业及现代服务外包企业管理的内在规律和特点，具有重要的社会意义和经济价值。

本书收录了从事服务外包产业及现代服务外包企业研究的学者们近年来关于现代服务外包企业创新与管理的热点问题的科研成果，内容涉及服务外包产业发展、服务外包企业管理、服务外包企业金融、服务外包企业电子商务研究等各个方面，体现了学者们在服务外包产业及现代服务外包企业管理各方面的深入思考与探索。

本书是学者们对服务外包产业及现代服务外包企业的现实问题进行的理论思考与对策研究，是他们为服务外包企业出谋划策的智慧凝结，也是他们学术风采与学术水平的展示。

目 录

第四部分　服务外包企业电子商务

第一部分
服务外包产业发展

支持我国服务外包产业发展的税收政策

王　娜

摘　要：我国服务外包产业尚处于初步发展阶段，需要面对众多挑战。税收政策无疑是推动我国服务外包产业快速发展的重要手段。本文通过分析服务外包的内涵、类型及驱动机制，结合服务外包发展现状，阐述了支持服务外包产业发展的税收政策原则与具体建议。

关键词：服务外包　税收政策

一、引言

随着全球经济分工的深化，世界产业战略转移的大趋势正从制造外包转向服务外包。越来越多的企业通过购买第三方提供的服务来完成本企业的内部工作。企业内部服务的"外化"，不仅表明企业自身追求降低成本、提高运营效率、增强企业核心竞争力战略管理理念的转变，更深刻反映出经济全球化下产品生产分工的进一步细化。产品制作流程中发生的研发、设计乃至营销等生产服务环节，开始突破企业的边界，在全球范围内寻找最具生产效率的企业载体。这种深入产品内的分工模式，正在迅速改变全球经济增长及国际贸易的方式，并逐步发展和形成多种现代服务外购市场。20世纪80年代以来，我国沿海地区通过抓住全球制造产业重新布局的机会，凭借丰富的人力资源储备，大量承接制造外包业务，不仅为我国积累了巨额的外汇储备，也拉动了整个经济高速发展，实现了国民经济综合实力的迅速提高。然而，伴随国内外发展环境的变化，我国继续承接制造外包的发展模式已经遇到前所未有的挑战。国际贸易摩擦，能源、原材料国际市场的波动以及国内生态环境恶化等因素，使得我国转变生产方式、提升国际贸易层次的要求十分迫切。另外，与我国同为"金砖四国"的印度，在过去十几年里抓住计算机及互联网技术广泛推广的机遇，大力促进软件和服务外包产业发展，取得了令世界瞩目的成绩。承接服务外包不仅成为撬动印度经济快速发展的重要杠杆，为其赢得"世界办公室"的美誉，也在一定程度上打破了由发达国家主导世界产业分工的格局。我国"十二五"规划纲要也提出将提高服务业比重作为经济结构战略性调整的重要内容。服务业发展尤其是服务外包业的发展，对优化产业结构、转变经济发展方式、提升我国在世界产业分工中的地位，都有积极的作用。

近年来，服务外包日益成为国内研究的热点。林毅夫等（2005）以需求不确定性为切入点建立了外包存在与否情况下的最优资本投资模型，阐述了外包生产行为的发生动因。詹晓宁、邢厚媛（2005）总结了服务外包的发展趋势，分析了服务外包对东道国产生的影响，提出中国承接服务外包的战略。谭力文等（2006）比较了美国、日本和欧盟跨国公司离岸服务外包模式，认为这三种模式的形成基础、外包类型、管理方式和实施结果均不同，有针对性地给出了中国承接服务外包的对策。卢峰（2007）在观察当代服务外包经验表现和分析服务外包概念的基础上，侧重从服务工序流程、分工潜在利益与额外成本比较的产品内分工视角，考察当代服务外包兴起的经济根源。秦仪（2007）在吸收全球价值链理论的基础上，提出了服务外包价值链的构想，构建了服务外包价值链的治理、驱动机制和升级等一些重要分析工具。❶贾峭羽（2013）认为现有的服务外包企业的税收优惠政策存在税收支持的目标群体小、税收政策缺乏系统性以及优惠政策地域色彩过浓等问题，并从增值税、营业税和所得税三大税种提出对服务外包产业相应的鼓励政策。本文从服务外包的内涵、类型出发，分析税收政策对于服务外包的作用机制，并结合服务外包发展现状，系统地给出支持我国服务外包产业发展的税收政策建议。

---

❶ 具体参见：林毅夫，蔡颖义，吴庆堂. 外包与不确定环境的最优资本投资 [J]. 经济学，2004（4）；詹晓宁，邢厚媛. 服务外包：发展趋势与承接战略 [J]. 国际经济合作，2005（4）；谭力文，田毕飞. 美日欧跨国公司离岸服务外包模式的比较研究及启示 [J]. 中国软科学，2006（5）；卢锋. 当代服务外包的经济学观察：产品内分工的分析视角 [J]. 世界经济，2007（8）；秦仪. 关于服务外包的价值链研究 [J]. 对外经济贸易大学学报，2007（4）.

二、服务外包的内涵、类型以及驱动因素

（一）服务外包的内涵

外包（Outsourcing），也称资源外包。一般认为是由美国学者哈默（GaryHamel）与帕拉哈德（Prahalad）于 1990 年在《企业的核心竞争力》中首次提出"Outsourcing"这一概念。服务外包是外包的一种，根据《商务大辞典》的定义，服务外包通常指依据双方议定的标准、成本和条件的合约，把原先由内部人员提供的服务转由外部组织承担。何骏（2006）认为服务外包是企业将信息服务、应用管理和商业流程等业务发包给第三方服务提供者，以降低成本、优化产业链、提升企业核心竞争力。杨圣明（2006）将服务外包定义为一国的企业将一种服务商品或其非关键部分转让给国外公司承担的一种经营方式，或一种国际贸易方式。卢峰（2007）强调了服务外包与制造外包的不同特点，认为可以依据交易对象的经济属性差异加以区分。可见，服务外包本质上并不是一个全新的概念，而是伴随企业生产分工逐步深化，信息技术不断发展，企业将内部无形服务转由企业外专业部门进行处理，是企业权衡收益与成本、谋求利润最大化的结果。

（二）服务外包的类型

服务外包依据不同的标准有不同的分类。根据选择国内

企业承接服务外包还是国外企业完成外包业务，可以将服务外包分为在岸外包与离岸外包；根据服务外包的具体内容可分为信息服务外包（ITO）、商业流程外包（BPO）和知识流程外包（KPO）。了解不同类型服务外包的具体内容，对于把握服务外包产业发展规律具有重要意义，特别是对目前致力于推动服务外包发展的发展中国家而言，如何找准定位，利用财税政策推动服务外包产业链升级，从而成功参与到服务经济全球化体系中具有导向作用。借鉴 Alien & Chandrashekar（2000）给出的服务外包光谱图以及任利成、王刊良（2008）的服务外包竞争力和产业附加值整合模型，根据服务外包的繁简程度以及发包方与承接方在外包过程中的不同关系，本文将服务外包分为三个层次：一是劳动力提供型。外包企业主要关注的焦点是降低企业运营成本，利用不同地区的劳动力成本进行套利，具体业务有数据输入和转化、文件管理、系统维护、信息技术等服务内容，发包方与承包方处于初步合作的阶段。二是初步互动型。外包企业不是只考虑控制成本，而是开始注重风险共担、利润共享，将较为复杂的、与公司业务有更多关联的服务向外发包，涉及金融、会计、人力资源、采购和营销等内容，双方形成初步的伙伴关系。三是高级相容型。发包企业更加注重强化企业的核心业务，控制成本甚至不是其主要考虑对象，而是将与企业核心竞争力密切相关的服务转向市场购买，具体包括研究开发、创意设计、技术系统设计等知识技术密集型行业。发包方与承包方进入战略联盟阶段。在劳动力提供型的服务外包层次下，承接方常常要面对激烈的市场竞争，发包方处于市场的优势地位。在第三种层次下，发包方对承接方依赖程度加强，承包企业可以获得持久的竞争能力和较高的产业附加值，在服务外包市场中将具有较高的市场地位。初步互动型中的双方关系介于两者之间。三个层次并不是孤立的三个阶段，而是一个有机联系的服务外包产业发展路径。❶

（三）服务外包发展的驱动因素

相对于其他传统服务业，服务外包作为新兴产业，其发生、发展有着深刻的时代背景。政治、经济以及技术条件的变化构成了服务外包迅猛发展的驱动因素。了解驱动因素的具体内容，可以为税收政策的制定提供一个直接的切入点，本文认为服务外包的驱动因素有以下几个方面。

1. 自由化进程驱动

伴随全球经济一体化进程的推进，世界服务贸易也加深了相互融合的趋势。很多国家调整开放战略取向，积极推进双边以及多边贸易规则自由化。不仅促进了制造活动外包和产品内分工，也对离岸服务外包产生了积极影响。GATT乌拉圭回合成果确立了WTO对服务贸易和知识产权保护的多

---

❶ 印度在服务外包中取得的成果经验，充分体现了这一发展路径。在初期，印度以专业代工为主，即把软件人员派到客户所在地为其提供服务，其后是海外客户把任务交到承包商所在地，通过通信联络保留对整个项目的控制权，现在是几家大型企业能提供原创产品和一揽子解决方案，比如流程外包、转型外包等。

边规则，奠定了多边服务贸易的基本框架，显著降低了服务
外包的交易成本。《服务贸易总协定》把最惠国待遇和国民
待遇原则运用到服务贸易领域，并由各缔约方在市场准入方
面提出减让表，不断推动四种服务贸易模式下服务外包的自
由化进程。❶

2. 服务市场驱动

随着信息技术以及战略管理理念的不断转变，服务外包
市场中供需双方的规模日益扩大。在需求一方，服务经济已
经占到各国 GDP 的 50% 以上。多数工业化国家的服务经济
比例已超过 70%。欧、美、日等发达经济体出于降低成本、
最大化收益的考虑，纷纷将企业内部服务转向市场外包，成
为服务外包的主要发包方。❷ 近十几年来，受印度、爱尔兰、
以色列等国家在承接服务外包市场中成功经验的启发，越来
越多的发展中国家将承接国际服务产业转移作为推动一国经
济发展、产业结构调整的重要战略。很多承接国日益重视专
业教育，增加高技能劳动力供给，降低承接服务外包成本，
不断拓展在全球服务外包市场中的发展空间。

---

❶ 国际服务贸易中的四种模式分别为跨境交付、境外消费、商
业存在以及自然人流动。

❷ 据联合国贸发会议（UNCTAD）发布的《2004 年世界投资报
告：转向服务业》，服务外包发包最多的是美国，约占全球项目外包
市场的 2/3，欧、日约占 1/3。承接最多的是亚洲，约占全球外包业务
的 45%。

3. 信息技术驱动

互联网的推广以及信息技术的发展为服务外包的产生提供了技术支撑。互联网的应用使企业生产打破了时空的限制，及时通信更为便捷，极大地降低了信息处理、存储成本，增加了服务外包市场中买卖双方的潜在收益。特别是，现代信息技术和网络技术在知识密集型服务业中的应用，使部分地点专用性非常强的知识密集型服务活动外包成本下降，从而推动整个服务外包产业链不断升级，促进服务外包市场良性发展。如随着移动互联网的出现，作为外包中增长最快的类型，云计算服务以及"基础架构即服务"（IaaS）将会有爆发式的增长。同时，云服务正在推动对外包 IT 服务支出的需求。❶

无论是政治、经济以及技术因素对于推动服务外包产业发展作用点具体表现在哪个方面，都可以归纳为对企业成本收益核算的影响。这为税收政策的落脚点指出了一个基本思路，即利用税收政策减少企业服务外包成本，分担运营风险，增加企业税后收益。相对于货币政策，税收政策工具手段更为多样，具有更强的供给效应，因而对于服务外包企业微观运营的作用效果将会更为显著。

三、我国服务外包发展现状

近年来，我国服务外包发展势头迅猛。据商务部服务贸

---

❶ Gartner. http：//www.cio.com/article/714042/Cloud_Service_Providers_Challenge_Traditional_IT_Outsourcing.

易司统计，2013 年 1～6 月，我国共签订服务外包合同60293份，合同金额 273.6 亿美元，同比增长 52.9%；执行金额195.8 亿美元，同比增长 47.2%。其中，承接国际服务外包合同金额 193.9 亿美元，同比增长 49.8%；执行金额 138.4亿美元，同比增长 45.8%。同时，我国服务外包业务继续向高端拓展，吸纳就业能力也不断增强。2013 年 1～6 月，我国信息技术外包（ITO）、业务流程外包（BPO）和知识流程外包（KPO）占比分别为 59.4%、14% 和 26.6%；之前的一项统计显示，我国共有服务外包企业 18621 家，从业人员359 万人，其中大学（含大专）以上学历 247 万人，占总数的 68.8%。同时，我国服务进出口总额（按国际收支口径统计，不含政府服务，下同）在 2012 年也得到了较大的增长，首次突破 4000 亿美元，达到 4705.8 亿美元，比上年增长12.3%，超过世界服务进出口平均增幅 10.3 个百分点，占世界服务进出口总额的 5.6%；占我国对外贸易总额的比重为 10.8%，同比提升 0.5 个百分点，服务进出口总额跃居全球第三。尽管如此，与发达国家相比，我国服务外包产业仍然处于起步晚、产业规模小、层次较低的阶段。当前制约我国服务外包产业发展的主要因素中，一是我国服务业整体发展水平偏低，服务业增加值占 GDP 比重还不到 50%，远低于欧、美、日等发达国家水平，在一定程度上限制了我国服务外包的发展。二是人才资源结构不尽合理。近年来，虽然我国高等教育发展迅速，但是人才培养存在严重的结构性缺陷。特别是对服务外包产业而言，既懂外语又熟悉服务外包业务的专项人才相对匮乏，不利于服务外包产业链升级。三是布局分散，难以形成集聚效应。产业集聚能够产生显著的规模经济效应，但目前我国服务外包发展布局比较分散，虽然国家建立了 21 个服务外包示范城市，但在城市内部依然没有形成聚集效应，企业规模较小，缺少大型企业和国际知名品牌。

四、制定服务外包税收政策的思路

目前，我国尚未有在全国范围内鼓励服务外包产业发展的税收优惠措施，仅有的适用于服务业企业的政策即适合服务外包型企业❶，如 2011 年 11 月 17 日，中国财政部、国家税务总局正式发布了《营业税改征增值税试点方案》，对 2012 年 1 月 1 日起在上海市交通运输业和部分现代服务业开展营业税改征增值税，减轻企业的税收负担并在 2012 年继续扩大试点城市。除此之外，国家对服务外包示范城市中的企业与境外签订的由本企业或其直接转包的企业为境外提供信息技术外包服务、技术性业务流程外包服务或知识流程外包服务从上述境外单位取得的收入也可免征营业税。增值税方面，一般纳税人销售其自行开发生产的软件产品，按 17% 的

---

❶ 财政部与国家税务总局、商务部、科技部按照国务院有关指示精神，于 2006 年和 2007 年先后下发《关于在苏州工业园区进行鼓励技术先进型服务企业开展试点工作有关政策问题的通知》（财税〔2006〕147 号）和《关于在苏州工业园区进一步做好鼓励技术先进型服务企业发展试点工作有关税收政策的通知》（财税〔2007〕143 号），尝试对服务外包税收优惠进行试点工作。

税率征收增值税后，对其增值税实际税负超过3%的部分实行即征即退政策。对注册在"营改增"试点地区的企业从事离岸服务外包业务中提供的应税服务，免征增值税。"营改增"试点中对纳税人提供技术转让、技术开发和与之相关的技术咨询、技术服务免征增值税。"营改增"试点地区的单位和个人向境外单位提供的软件服务、电路设计及测试服务等免征增值税。在服务外包示范城市，对经认定的技术先进型服务企业，在2012年7月1日至2013年12月31日减按15%的税率征收企业所得税。从现有的支持服务外包的税收政策可以看出，我国并没有统一的、惠及全国服务外包企业的税收政策，而只是从对服务企业中的税收优惠中个别条款涉及服务外包企业，并且大多数优惠政策只限定在服务外包示范城市，其他城市的企业并不能享受其优惠，税收政策的普惠性并没有得到体现。笔者建议，政府决策部门应在立足本国服务经济发展阶段的基础上，借鉴国外成功经验，运用税收政策自身的规律性，科学制定促进我国服务外包产业发展的税收政策体系。

（一）支持服务外包的税收政策制定原则

1. WTO 原则

当前各国之间服务贸易主要是在 WTO《服务贸易总协定》框架下进行。《服务贸易总协定》确立了 WTO 对服务贸易和知识产权保护的多边规则，不断推动服务外包自由化进程。我国作为 WTO 成员，必须在 WTO 规则下对服务外包产业实行税收优惠政策。目前在《服务贸易总协定》中，成员对模式1（跨境交付）的承诺要少于对模式2（境外消费）的承诺水平。各成员在模式1的承诺方面都写了"不做约束"（即没有任何承诺），并且对于服务外包所涉及的具体外贸模式各国之间尚存有很多争议，❶ 这就为我国灵活运用税收优惠措施扶持国内服务外包产业，但又不违背 WTO 相关规定提供了一定的操作空间。

2. 循序渐进原则

服务外包的不同类型中，交易双方的市场地位差异很大，不同市场地位下服务外包主体对于税收优惠政策的需求并不相同。对处于承接劳动力提供型的服务外包企业而言，直接减轻企业运营成本、增强服务价格竞争力的税收优惠措施效果较为明显。而对于知识密集型的高级相容服务外包企业，高素质的技术人才储备、核心研发专利成为成功的关键因素。所以，税收优惠措施应当更加强调对于高级人才的吸引，激励企业投入更多的研发力量，逐步提升我国服务外包企业的竞争力。

---

❶ 例如，基于电子媒介和网络载体跨境交付和消费的服务交易究竟属"自一成员领土向任何其他成员领土提供服务"的模式1（跨境交付），还是属于"在一成员领土内向任何其他成员的服务消费者提供服务"的模式2（境外消费），或者是一部分属于模式1（跨境交付）、一部分属于模式2（境外消费），目前均尚无定论，参见张磊，徐琳. 论多边贸易规则对服务外包贸易的调整与适应［J］. 国际经贸探索，2008（7）.

3. 整体性原则

所谓税收政策的整体性原则，包含两个层次：一是各类税收优惠政策的相互配合。不同税种对企业运营有不同的影响，不可能由一个税种的"单兵突进"解决服务外包企业面对的所有问题。只有各个税种之间取长补短，综合作用，才能产生最大效应。二是将税收政策的覆盖面铺到整个产业链上。不仅要直接作用于服务外包企业，也要考虑税收政策对于服务外包产业上下游企业的激励。特别是通过税收政策鼓励制造类企业外购生产性服务，培育服务外包产业链上游市场需求主体。

（二）支持服务外包产业发展的税收政策建议

1. 综合运用所得税、营业税优惠措施，减轻服务外包企业总体税负，增强企业竞争力

从各国服务外包的发展历程看，通过减免流转税、所得税扶持服务外包产业已经成为一种国际惯例。例如，1986 年印度政府制定了《计算机软件出口、软件发展和软件培训政策》，明确了软件产业发展战略目标，对从事软件行业的企业所得税实行 5 年减免 5 年减半，再投资部分 3 年减免等优惠。❶ 菲律宾政府对外国投资服务外包采取鼓励政策。外国公司在经济特区开展业务，前 4~8 年为免税期，免税期后可

---

❶ 李碧珍．服务外包：国际经验与我国的战略构想［J］．社会科学，2008（7）．

继续享受优惠待遇，只缴 5% 的营业税；公司还可免税进口特殊设备及材料、免缴码头使用费、自由使用托运设备、雇用外籍职员等。❶ 因此，在我国服务外包的发展过程中，应适时地制定相应优惠税收政策：一是在对服务外包行业营业税整体保持 1% ~3% 税负水平基础上，对服务外包企业所征的营业税以差额计征，服务外包企业转包、分包业务的，以转包、分包后的净额征收营业税，消除当前营业税中存在的重复征税弊端；二是对服务外包企业给予企业所得税优惠，可从有盈利年份起，享受"两免三减半"的定期税收优惠，税收优惠期终止后可以继续享受 15% 所得税较低税率。

2. 在扩大"营改增"的基础上，实行服务外包出口退税，实现出口零税率，加大对国外服务外包承接力度

我国现阶段参与国际服务外包的类型主要是劳动供给型服务外包，在国际市场上面临着较大的替代压力。该类业务的价格要素成为国际市场上主要的竞争手段。20 世纪 90 年代，印度推出"零赋税"政策，出口软件全部免税，生产的软件产品不征收流转税，极大地刺激了印度离岸服务外包的迅速成长，无疑对我国具有重要的借鉴意义。具体而言，对于承接离岸服务外包获得的营业收入应免征营业税，就所得来源地已缴所得税应予以抵免，发生的研发投入若涉及增值税、消费税和关税，可进行退免；国内企业承接国际服务外

---

❶ 谭力文，田毕飞. 世界主要外包参与国的外包政策及其对我国的启示 [J]. 管理现代化，2006（1）.

包业务，进行转包、分包所发生的流转税一律实行完全退税，实现服务外包出口零税负。大力支持服务企业通过商业存在方式"走出去"开拓国际服务市场，对于企业境外常设机构已纳境外所得税实行全额抵免，并致力推动双边或多边贸易伙伴之间无条件税收饶让，切实落实承接离岸外包的税收优惠措施。

3. 加大对研发、人力资本投入的税收优惠力度，鼓励高级相容型服务外包企业在产业园区得到快速发展

目前，我国在承接知识密集、技术密集类的服务外包方面发展较为欠缺，成为制约提升我国服务外包产业链竞争力的主要因素之一。对于高级相容型服务外包企业，在享有一般服务外包的税收优惠措施之外，可以考虑进驻高级服务外包园区发展。对于进入园区内的服务外包企业，通过增值税、所得税优惠加大对企业在研发、人力资本积累方面的政策倾斜力度。具体而言，入园企业外购机器、设备所发生的增值税一律免征，已发生的给予退税；改进企业所得税相关的折旧政策和费用列支政策，允许园区内企业为研究开发项目服务的仪器设备等固定资产加速折旧，同时，应改进现行企业所得税的有关费用列支政策，允许企业用于高新技术研究、开发和实验发生的费用以及企业推广高新技术的培训费用在税前列支，并对外籍专家短期劳务所得免征个人所得税，为知识密集型高级服务外包企业发展搭建增值税、企业所得税、个人所得税三位一体的政策支持平台。

参考文献：

［1］ALIEN, S. & CHANDRASHEKAR, A. Outsourcing Services the Contract is just the Beginning ［J］. BusinessHorizons, 2000.

［2］何骏. 我国发展服务外包的动因、优势和建议 ［J］. 当代经济管理, 2006（6）.

［3］杨圣明. 关于服务外包问题 ［J］. 中国社会科学院研究生院学报, 2006（11）.

［4］任利成, 王刊良. 服务外包竞争力和产业附加值整合模型研究 ［J］. 现代管理科学, 2008（9）.

［5］贾峭羽. 完善我国服务外包税收政策的建议 ［J］. 税务研究, 2013（7）.

我国运输服务贸易发展现状分析及对策研究

雍华中　　陶秋燕

摘　要：随着世界经济一体化的发展和我国产业结构的升级，服务业占国民经济的比重不断上升，服务贸易步入快速发展阶段。但在服务贸易总额增长的过程中，国际服务贸易逆差也出现了上升的趋势，而作为服务贸易最重要的组成部分的国际运输服务贸易则是主要的逆差来源。本文通过对我国近年来运输服务贸易的相关统计数据分析，得出我国运输贸易的发展现状和存在的问题，进而分析出制约我国运输服务业发展的制约因素，并有针对性地提出相应的解决措施和建议。

关键词：服务业　运输服务贸易　贸易逆差

一、引言

进入 21 世纪，随着经济全球化、贸易自由化和居民消费水平的提高，服务业在国民经济中的地位不断上升，其发展速度大大加快，并不断超过商品贸易发展速度，其中运输服务业作为一项服务领域的产业，不仅直接影响各国的财政收支，同时还是国际商品贸易业务过程中必不可少的重要环节之一，是国际贸易的桥梁和纽带。一国运输业的发展程度极大地决定了该国运输服务贸易的发展状况；运输服务贸易又派生于商品贸易，商品贸易持续的高增长势必带动整个经济的增速。当前，我国服务贸易在世界的地位远低于货物贸易，货物贸易顺差长期保持波动上升趋势，服务贸易逆差也呈现波动上升趋势。从结构上看，我国服务贸易主要由旅游、交通运输和其他商业服务贸易构成，三者占我国服务贸易的 78.7%，旅游和其他商业服务贸易为顺差，而运输服务贸易长期逆差，并呈现上升趋势，是我国服务贸易逆差的最主要来源。因此，对我国运输服务贸易的现状进行研究，找出产生逆差的原因及相应对策，具有重要的理论和现实意义。

二、我国运输服务贸易发展现状

（一）我国运输服务贸易总体规模

2001 年，我国运输贸易占服务贸易出口的 14.1%，进口的 29%，到 2013 年，运输服务进出口总额达 1160.6 亿美元，其中，出口增长近 8 倍，占服务出口总额的比重达 19.5%，是仅次于旅游的第二大服务出口行业。但运输贸易逆差自 2001 年的 66.9 亿美元上升到 448.3 亿美元，是中国服务贸易中最大的逆差行业。可见，中国运输贸易的出口规模虽不断扩大，但进口增幅明显高于出口，逆差额逐年上升，劣势明显。

我国运输贸易的进口结构表明，海运所占比重基本呈上升态势，自 2003 年的 60.9% 增至 2008 年的 80.7%，2009 年由于各国货物运输需求减少，海运占比有所降低。空运进口和其他运输进口份额比例很小，2001 年空运进口占比为 20.9%，2007 年降至 13.5%，但自 2008 年后略有回升。其他运输进口一直持续降低，2012 年仅占我国运输服务进口总额的 3.5%。在运输贸易的出口结构中，海运所占比重持续上升，由 2003 年的 43.4% 上升到 2012 年的 67%，增长 20 多个百分点，说明海运在我国运输贸易出口中日趋重要。其他运输的占比逐年减小，2012 年其他运输占比仅为 4.1%。空运出口所占比重在 2001—2008 年间不断降低，但自 2009 年开始回升，2012 年空运出口所占比重为 28.9%。

（二）我国运输服务贸易逆差分析

我国运输服务贸易较世界发达国家落后，甚至相较于我国的货物贸易发展也相当滞后，并且国际运输服务贸易最近十年来连年出现高额逆差。

表 1　中国 2003—2013 年服务贸易与运输服务贸易一览表

单位：亿美元

年份	服务贸易			运输服务贸易		
	出口额	进口额	贸易差额	出口额	进口额	贸易差额
2003	261.5	309.66	-48.01	24.2	78.98	-54.78

年份	服务贸易			运输服务贸易		
	出口额	进口额	贸易差额	出口额	进口额	贸易差额
2004	301.46	358.58	−57.12	36.71	103.96	−67.25
2005	329.03	390.31	−61.28	46.35	113.24	−66.99
2006	393.8	460.8	−67	57.2	136.12	−78.92
2007	463.7	548.52	−84.82	79.1	182.33	−103.23
2008	620.6	716.02	−95.42	120.7	245.44	−124.74
2009	739.1	831.73	−92.63	154.3	284.48	−130.18
2010	914.2	1003.27	−89.07	210.2	343.69	−133.49
2011	1216.5	1292	−76.05	313.2	432.71	−119.51
2012	1464.5	1580	−115.5	384.2	503.3	−119.1
2013	1286	1582	−296	236.2	466	−229.8

数据来源：国家商务部服务贸易统计

由表1分析可以得出：（1）运输服务贸易作为我国服务贸易传统的主要服务内容，仍然占有较大的比重；（2）虽然运输服务出口连年快速增长，但却连年出现巨额贸易逆差，且在2003—2013年连续十年贸易逆差有不断拉大的趋势；（3）我国运输服务贸易的逆差几乎相当于整个服务贸易逆差数额，并且在有些年份甚至超过了整个服务贸易的逆差数，这也意味着运输服务贸易的逆差数需要用服务业中其他的顺差进行弥补；（4）运输服务贸易巨大的逆差，不仅昭示我国运输服务进出口严重失衡，也严重地制约了我国服务贸易的国际收支平衡和发展。

（三） 我国运输服务贸易市场占有率

国际市场占有率是指一国某种产品或服务的出口额与该产品或服务世界出口总额之比。这一指标测度的是一国出口的绝对量，在一定程度上反映了一国在贸易出口方面的地位和竞争能力。其计算公式为：$MSij = Xij/Xwj$。其中，$MSij$ 表示 i 国或地区 j 产品或服务的国际市场占有率，Xij 表示 i 国或地区 j 产品或服务的出口总额，Xwj 表示世界 j 产品或服务的出口总额。表 2 列出了按 EBOPS 统计的中国运输服务贸易国际市场占有率。

表 2　中国运输服务贸易国际市场占有率

单位:%

项目 ＼ 年份	2004	2005	2006	2007	2008	2009	2010	2011	2012
运输	1	1.18	1.48	1.9	2.24	2.79	3.6	3.99	3.35
海运	1.82	2.14	2.87	3.64	4.2	5.12	6.68	7.44	7.62
海运客运	2.12	1.12	1.04	0.77	0.95	0.53	0.51	0.66	0.83
海运货运	2.55	3.19	4.16	5.17	5.27	6.24	7.83	8.47	9
空运	1.29	1.59	1.72	2.19	2.36	2.81	3.42	3.55	3.73
其他运输	2.18	2.19	2.47	2.37	2.35	2.45	2.6	2.76	2

数据来源：根据 UNServiceTradeDatabase 计算整理得出。

从表 2 可以看出，中国的运输服务贸易在国际市场上的占有率较低，2007 年以前都在 2% 以下，2008 年超过 2%。

近几年，占有率逐步上升，2011 年达到了 3.99%，2012 年稍有下降。在运输服务贸易中，海运的国际占有率最高，2012 年达到了 7.62%，空运和其他运输的国际市场占有率较低，占有率都在 2% 左右。国际市场占有率指标只考虑了出口因素，没有考虑进口的作用，还应结合其他指标进行补充。

（四）小结

运输服务贸易是我国服务贸易的重要内容，但也是我国服务贸易逆差最大的行业。中国运输贸易的出口规模虽不断扩大，但进口增幅明显高于出口，逆差额逐年上升，劣势明显。并且，在运输服务贸易的发展过程中，国际市场占有率较低，但是其发展趋势是逐渐变好的，国际市场占有率在不断提高。

三、制约我国运输服务贸易发展的因素

在货物贸易如此发达的条件下，我国运输服务的国际竞争力却为负数，与发达国家相比存在很大的差距。原因主要有以下几个方面。

（一）运输业本身的发展有限。运输基础设施建设落后，制约着我国运输服务贸易的发展

我国在海运服务上拥有地理环境和劳动力资源等比较优势，但设施陈旧，船舶平均吨位小、技术水平低，装卸机械

品种少、质量差、装卸效率低，不能满足大规模装卸的需要，导致和世界运输大国相比我国的劳动生产率偏低。

（二）运输服务由劳动密集型向资本技术密集型转变

作为我国传统服务贸易的支柱，对运输业的定位一直为劳动密集型部门。但近年来，随着远洋集装箱运输的盛行，运输服务已经开始逐渐转变成为一项资本、技术密集型的服务项目，但当前我国通常只能在一些劳动密集型的项目上显示出较好的竞争优势。

（三）地方保护主义严重

政府多头交叉管理，条块分割，原本是一个系统资源的物流业的管理权限被分别划归成若干个部门，结果导致海运、铁路、公路、航空相互衔接的高效率的运输模式在我国几乎不存在，进而限制了运输业的发展。

（四）运输企业的小、散、弱

我国90％的物资依靠海运完成，但海运企业中除了中远、中海等几个大的航运公司外，大多数航运企业规模偏小，船舶运力不足。运输市场处于无序竞争状态，竞争激烈，中小航运企业普遍经营业绩差、成本效益不佳。这种局面不利于规模经济效应的产生，降低了企业的竞争力。

（五）运输服务质量有待提高

在设备技术方面，绝大多数企业特别是中小企业缺乏适应信息化时代的先进的信息管理系统，没有跟上外资航运企业新推出的网上订舱、查询等的步伐。在人才方面，具备国际物流实际操作经验，从事物流管理和决策的高级物流人才十分匮乏。在服务方面，大多数国内公司只能为客户提供最基本的点对点的货物送达服务，由于货物的遗失、损害造成的纠纷也时有发生。这些因素都影响了我国运输服务贸易的发展。

四、结论及建议

作为服务贸易中最重要的组成部分，运输服务贸易的作用不可替代。但我国运输服务贸易的国际竞争力较弱，这和我国世界第三大贸易大国的地位严重不相符合，因此我国需要不断加强运输服务贸易的国际竞争力。

（一）加快基础设施建设，提高承运能力

运输服务贸易是国际货物贸易的派生需求，我国货物贸易进出口对物流运输的需求很大，但运力不足是制约我国国际物流运输竞争力的"瓶颈"，也是造成我国运输服务贸易逆差的主要原因。因此，我国要加强国际运输服务的基础建设，提高我国国际运输能力和竞争力。

进一步加强国际港口、国际机场、国际物流园区等基础设施建设，进一步完善和优化我国国际运输服务的生产要素。

完善国际运输的现代化装备，增加运载工具，特别是要

增加大型油轮、干散货运输船、铁矿石运输船的建造和营运力。

加强国际物流园区建设，利用互联网、物联网，完善EDI物流运输信息服务系统。

不断推进运输服务的国际化、集成化、精细化、一体化、标准化和便利化的进程，提高我国国际运输服务的承运力。

（二）加强资源整合、提升竞争能力

国际运输企业是国际运输服务贸易的主体，也是提升国际运输竞争力的关键。发展国际运输服务贸易要整合资源、集中优势，充分利用国家鼓励企业强强联合的政策，构建具有国际竞争力的综合性的大型运输企业集团。

大型运输企业强强联合，加强重组和整合，如中国外运与中国长航集团公司全面进行资产重组和结构优化，构建成"中国外运长航集团"，提高管理水平和竞争能力，使国内的企业向集约化、规模化方向发展。

中小运输企业之间通过资源优势互补的整合，取长补短，如东方航空与上海航空合并重组，形成更高层次的优势企业或业务联盟，提升我国运输贸易的国际竞争力。中小运输企业还可与中国远洋、中远集团、中集集团、中国国际航空等大型国际运输集团联姻，形成具有国际竞争力的大型国际运输企业集团。

通过参股、并购等资本运营方式，加强港口、航线、运输、货代一体化经营，构建大型、综合性的国际运输服务企业集团。

（三）创新营销管理，加强客户服务

当前市场的竞争格局是供应链与供应链的竞争。因此，国际运输服务企业创新营销管理、加强客户服务，构架好、发展好、维护好国际货物运输供应链管理。

（四）培养运输人才，促进贸易发展

运输服务贸易发展需要人才。我国运输服务贸易正处于快速发展期，提升我国运输服务贸易的竞争力，减少贸易逆差，做大、做强国际运输企业，急需大量的各类各级专门人才。

提高运输服务贸易人才建设重要性和紧迫性的认识，努力形成国际物流运输人才的比较优势。

中国采购与物流联合会、国际货代协会、中国交通运输企业协会、中国船东协会等组织，要加强运输人力资源的能力建设，推行职业培训、职业认证、职业技能竞赛等人才培育的工作机制。

大中专院校要以市场需求为导向，办好物流运输专业，加强实训教学，提高教学质量，为国际运输服务企业输送优秀人才。

运输服务企业要积极引进人才，积极进行人力资源开发，有计划地选派员工外出进修、举办企业内训和技能竞赛，提升员工素质，提升企业核心竞争力。

参考文献：

［1］邓庆．中国运输服务贸易结构与竞争力分析［J］．商业时代，2013（19）．

［2］陈健．中国服务贸易发展的国别市场竞争力状况和演变趋势［J］．国际经贸探索，2014（3）．

［3］程盈莹，逯建．中国运输服务贸易竞争力测度与比较［J］．中国经济，2011．

［4］张俊晖．中国运输服务贸易竞争力提升及对策探析［J］．中国商贸，2011．

［5］崔玮．我国运输服务贸易发展特征及战略选择［J］．技术经济与管理研究，2012（6）．

［6］储昭昉，等．我国运输服务贸易竞争力的实证分析［J］．国际商务，2012（5）．

第二部分
服务外包企业管理

现代服务业商业模式创新研究

丁　杰　王　卓

摘　要：现代服务业作为第三产业，是经济发展的新引擎，社会转型的新支撑。21 世纪的商业竞争是现代服务业的竞争。商业模式创新是企业最本源的创新。推进服务业创新，关键在于其商业模式的创新。本文通过对商业模式构成要素的分析，结合具体案例，指出了现代服务业商业模式创新的方向，为现代服务业的发展提供了良策。

关键词：现代服务业　商业模式　构成要素

一、现代服务业的新趋势

现代服务业是在工业化比较发达阶段产生的、依托信息技术和现代管理理念发展起来的、信息技术和知识相对密集的服务业，包括由传统服务业通过技术改造升级和经营模式更新而成的服务业，以及随着信息网络技术的高速发展而产生的新兴服务业。现代服务业作为现代经济贸易增长的主要力量，已经成为国家经济发展的新焦点。21 世纪的商业竞争是现代服务业的竞争。

现代服务业作为知识经济的主体，它的发展促进了信息流、资金流、技术流、人才流和物流的发展，对提高国家经济整体运行效率和质量，增强国家创新能力，转变经济增长方式起到了关键作用。同时，现代服务业是拉动经济增长的支柱。目前，发达国家服务业对 GDP 和就业贡献的增长主要源于金融、保险、房地产、商务服务业、专业服务业和信息服务业等，这类服务业属于知识技术密集型的现代服务业，因此具有较高的生产率。现代服务业的发展正是服务业经济不断深入的体现。而部分发展中国家，如印度连续数年经济增长率在8%以上，成为仅次于中国的最具活力的经济体，也主要得力于其现代服务业的发展。2006 年，印度贸易和金融服务的增长幅度达到了 9.5%，超过了其 8% 的经济增长率。现代服务业是推动产业结构升级的关键。现代服务业的发展，推动了技术、新生产模式在产业中的渗透。随着现代服务业成为服务业经济时代的支柱产业，产业结构实现了向技术密集型的转变，产品结构也呈现高技术化和高附加值化，产业组织在经历了工业时代跨国化后，在服务业经济时代正在出现全球化、网络化、虚拟化和协作化的新趋势。

二、创新商业模式对推进现代服务业的意义

在所有的创新之中，商业模式创新属于企业最本源的创新。而推进服务业创新，关键在于其商业模式的创新。商业模式的概念于 20 世纪 50 年代提出，而真正为中国企业所重视和践行则是 20 世纪 90 年代的事。每一次商业模式的革新

都能给企业带来一定时间内的竞争优势，随着时间的推移，企业必须不断地重新思考它的商业设计。随着（消费者的）价值取向的转变，企业必须不断改变它们的商业模式。

对服务业而言，成功的商业模式并不匮乏阿里巴巴等一流价值网络，然而，未来如何让这些商业模式在创新与调整中更显生机，且让更多的服务业商业模式脱颖而出，形成服务业集聚效应，仍是现代服务业转型的一大任务。充分利用信息化网络，推进服务业商业模式创新。未来社会，随着社会多元文化和多样性需求的发展，消费者越加理性成熟，越来越追求个性的张扬，越来越渴望参与主张，这将成为未来商业模式的创新方向。尤其是服务业企业，信息化已成为企业获取竞争优势的必然选择。

三、现代服务业竞争的核心是商业模式竞争

世界著名管理大师彼得·德鲁克认为，"当今企业之间的竞争，不是产品之间的竞争，而是商业模式之间的竞争"。商业模式的创新属于企业最本源的创新，离开商业模式，其他的管理创新、技术创新都会失去可持续发展的可能和赢利的基础。所有成功的大企业都是从小企业秉持成功的商业模式一步一步走过来的。沃尔玛最初是开杂货店的，可口可乐是卖汽水的，国美是卖电器的，这些普通行业的成功说明一个道理：无论高科技、低科技都能成功，关键要找对成功的商业模式，并且把商业模式的赢利能力快速发挥到极致。

商业模式的要素主要有九项：（1）价值主张；（2）消费

者目标；（3）分销渠道；（4）客户关系；（5）价值分配；（6）核心能力；（7）价值链；（8）成本结构；（9）收入模型。成功的商业模式有三个特征：一是能提供独特的价值；二是难以模仿；三是脚踏实地。

目前现代服务业典型的成功商业模式有六类：一是轻资产模式，企业专注自己的核心价值，而将非核心业务外包给其他公司，典型的如耐克、阿迪达斯等。二是全产业链模式，典型的如中粮提出并践行的全产业链生产与服务模式、三星的垂直一体化等。三是基于制造业的服务业延伸模式，如生产性服务业转型的典范 IBM。四是供应链服务外包模式，典型的如上海的爱姆意公司对上海机床厂的供应链外包服务。五是基于电子商务的新模式，如淘宝网、腾讯、京东、优酷土豆等互联网企业。六是多样化金融工具带来的新模式，如为电子商务企业提供完善的仓储、包装、在途管理、支付、物流和辅助销售解决方案的企业。

四、剖析商业模式构成要素，分析聚美优品商业模式

在中国，随着互联网的快速发展，借助互联网增加企业商业模式的柔韧度，促进企业腾飞的例子有很多。像腾讯、阿里巴巴、携程、百度、京东等分别从不同的价值链节点寻找创造价值的突破口，他们的创新有不同的闪光点。许多企业看到了他们优秀的商业模式，认为很难复制到自己的企业，对自己企业的商业模式创新没有借鉴之处。这里，借聚

美优品的成功上市，结合商业模式构成要素，对其进行仔细解剖，可以找到很多可以借鉴的地方。

4月12日，聚美优品在美国提交了IPO上市申请，拟融资4亿美元。通过招股书可以看到，聚美优品4年业绩增长10倍，已经连续7个季度盈利。其最大的竞争对手乐蜂网在2013年亏损1.5亿元，并被唯品会收购。

（一）价值主张

聚美优品，一家以销售化妆品为主的电商，聚集美丽，成人之美。采用团购模式进行销售。

（二）成本结构

作为一家电商，聚美优品的打法和线下零售企业有很大的区别。为形成规模效应，控制客户获取成本和物流配送成本，聚美优品选择与第三方物流合作解决配送问题，目前合作方已有49家。相比自建物流，第三方物流降低了人员成本和管理成本，但服务质量难以把控。聚美优品以租赁的方式，在北京、上海、成都、广州四地，设有共计6万平方米的仓库。物流外包和仓库租赁，使得公司的仓储物流费占收入比例较低，近三年不断下降，分别为12.8%、8.8%和7.2%。据公司招股书披露，聚美优品的履约成本为10/单，京东为14/单，当当为13.5/单，唯品会为25/单。

（三）收入来源

化妆品行业是国内少数几个高利润行业，行业毛利率高达 25%～30%。据全球企业咨询公司 Frost & Sullivan 的报告显示，中国在线美妆的销售额将从 2013 年的 40 亿美金上升到 2018 年的 60 亿美金，平均每年上升 33%。聚美优品选择美妆行业，一方面能为公司带来高毛利，另一方面还能避免与阿里、当当等巨头们的"正面冲突"。如今，聚美优品已在国内在线美妆零售市场获得 22.1% 的份额，排名第一。公司通过限时打折扣的"闪购模式"引入客流，其超过一半的收入源于自营产品的销售。同时，作为电商平台，通过整合化妆品供应商和第三方商户获得分成收入。

（四）客户关系

吸引客流和降低成本只是赢利的第一步，聚美优品要想保持不断的增长，必须留住客户重复消费。据招股书显示，公司超过 1000 万的活跃用户中，有重复购买行为的客户超过八成。

这么高的用户黏性，它是如何做到的？使用平台模式的电商，始终存在一个难以解决的问题，那就是杜绝假货。因为，公司难以监控平台上大量的第三方商家，而这个问题，恰恰是每一位网购者所担心的。因此，商品保真是提高用户黏性的决定因素。为此，聚美优品与中华联合财产保险公司合作，对每件商品进行投保，以保护消费者权益。公司还提出了"30 天内无条件退货"口号，并承担物流费用。这让客户在购买商品时少了顾虑。

此外，聚美优品还从进货、防伪和库检三方面入手，以减少假货。对于自营化妆品，公司尽量从渠道上游直接拿货，以保证产品质量。并且每个品类的产品，只有一个供货商，便于公司进行监控和追溯。

（五）渠道通路

创始人陈欧亲自上阵，一则"我为自己代言"的广告，在网上引起了病毒式的模仿热潮。大力发展移动端 APP，移动端客户带来的销售额接近五成。

（六）价值服务

品牌化妆品团购，承诺正品。

（七）核心资源

聚美优品的品类少而精，主要卖最畅销的 20% 美妆产品，降低了管理后台供应链管理的复杂度，抽出更多的精力做服务，注重服务体验。

（八）关键业务

创造简单、有趣、值得信赖的化妆品购物体验。

（九）重要合作

在防伪方面，公司与70多家品牌商合作成立真品联盟。联盟内的品牌，其产品都附有防伪码。与兰蔻、雅诗兰黛等国际品牌合作，官方认证确保进货渠道正规；通过申请试用体验装，切实了解新产品的功效。

五、现代服务业商业模式创新的内容和趋势

结合聚美优品商业模式成功的案例，可以看到，同样的电商模式，同样的平台工具，有的电商能够越做越大，走向上市，有的电商在做大的同时故步自封，赢利水平仍旧没有随着商业模式的创新而凸显。在知识经济时代，现代服务业若想创新商业模式，不仅要有新思路，还要有与自己行业相关的独创性，在现有资源的基础上挖掘用户体验。本文觉得商业模式创新的内容和趋势更应从以下几个方面做起。

（一）现代服务业商业模式创新的内容

主要有：服务活动的创新、服务产品的创新、服务战略的创新、服务系统的集成创新。

（二）现代服务业商业模式创新的趋势

信息化：指现代服务业基于信息资源，依托信息网络平台，通过数字化服务过程，为产业链及产业间相关方提供服务，信息网络平台将整合其他各类产业运行平台成为现代服务业的主导运行平台。

平台化：平台是指自己本身并不生产商品，却可以通过提供一种交易空间或场所促成双方或多方客户间的交易，收取恰当的费用而获得收益。这种被定义为"平台经济"的商业模式正随着苹果、谷歌等企业的成功而在全球风行。平台

型企业扮演着交易平台、媒体平台、支付平台、软件平台和通信平台等各类角色，向企业、消费者等多方客户提供不同类型的创新服务。

融合化：企业生产趋于无边界时代。突出表现在生产性服务业的快速发展上，技术、经济与文化相互融合的创意产业在全世界范围内迅猛发展。从现代服务业自身发展来看，技术在创意产业中的应用促进了产业融合，改变了产业生产、销售模式，优化了传统产业结构。

融合化主要体现为信息资源与物资等其他资源的融合、信息技术与传统工业技术的融合、信息网络运行平台与物流和运输等其他生产平台的融合，服务内容与过程向其他产业渗透，形成新的管理模式和服务形态，对整个国民经济的影响日趋加深。

生态化：平台生态系统，即平台＋补足品＋网络效应。

哈佛大学前校长拉里·萨奥斯说："今日最成功的人，他们最特别的不是掌握了多少知识点，而在于他们思考问题的方式，在于他们能把很多东西结合在一起的方式，在于他们能够看到别人从前看不到的模式。"

用组合拳创新商业模式，第一尊重用户体验、填补市场空缺；第二铺开免费策略，通过持续微创新实现颠覆式创新；第三运用柔道战略，通过移动、平衡和杠杆借力实现四两拨千斤。

参考文献：

[1] 包季鸣. 现代服务业和商业模式的创新 [J]. 中国贸易报，2012（12）：1-3.

[2] 刘旗辉. 最佳商业模式 [M]. 北京：清华大学出版社，2008.

[3] http：//www. mycfz. com/zhuanlantekan/huoyiqiwanshi kongchuanyue/2014-04-28/1829. html.

现代服务类企业绩效影响因素研究

庞凯斌　陈建斌

摘　要：随着服务经济时代的到来，服务业在一国的经济生产活动中扮演着越来越重要的角色，服务性企业正如雨后春笋般涌现出来，其数量与规模在不断地扩大。知识经济时代，电子商务已经成为企业发展的新契机，如何利用网络环境，并将其与企业的发展战略结合起来，已成为现代企业需要迫切思考的课题。电子商务作为转变我国经济增长方式和优化产业结构的有效途径，必将带动相关产业的进步，并催生新的服务行业。所以，研究现代服务业企业绩效影响因素具有很强的现实意义。

关键词：现代服务业　企业　绩效

现代服务业的发展涉及经济学、管理学、系统工程等众多理论，特别是在经济全球化和信息化背景下，产业间的关联不断深化，呈现出多样化和网络化的特征。随着服务经济时代的到来，服务业在一国的经济生产活动中扮演着越来越重要的角色，服务性企业正如雨后春笋般涌现出来，其数量与规模在不断地扩大。电子商务作为转变我国经济增长方式和优化产业结构的有效途径，必将带动相关产业的进步，并催生新的服务行业，即电子商务服务业。电子商务服务业涉及金融、人才、第三方物流、信息服务和教育培训等多种行业，成为国民经济新的增长引擎。

一、现代服务业企业的特性

现代服务业普遍存在的行业特性：一是服务产品的无形性，或称作不可触摸性。与实体产品不同，服务或多或少具有无形性。二是不可分离性，即生产与消费的同时性。三是服务产品的质量控制困难，是一种实时生产。四是服务产品无法存储，由于服务是一种活动过程，因此它是易逝的和不能被存储的。五是时间因素的重要性，大部分服务顾客需要亲临现场，时间对于顾客来说是宝贵的资源。

二、企业绩效的评价

企业是一个赢利性的经济组织，它聚集一定的生产要素（土地、劳动力、资本和技术等），通过开展生产经营活动为社会提供产品和服务，并在提供产品和服务的活动中取得盈利，从而不断壮大自己。企业是市场经济的产物，它不是为自己而生产，而是为交换而生产，其生产经营活动必须经受市场的检验。它所提供的产品和服务只有通过市场交换才能实现其价值，才能实现生产过程的循环。也就是说，企业业绩不表现为它已经生产和提供了多少产品与服务，而表现为它所提供的产品和服务，在多大程度上已经被社会承认（即被他人购买使用）。企业产品和服务的交换性决定了企业的使命就是在市场竞争中为社会提供更多更好的产品和服务。企业只有在提供产品和服务中才能创造自己的业绩。企业的生产目的就是用尽可能少的生产经营成本（所费）去创造和实现（获取）尽可能大的产品和服务价值（所得），这是企业业绩之根本所在。

由此可见，企业绩效评价就是为了实现企业的生产经营目的，运用特定的指标和标准，采用科学的方法，对企业生产经营活动过程及其结果做出的一种价值判断。其核心是比较所费与所得，力求用尽可能小的费用去获得尽可能大的所得。

三、电子商务在现代服务业中的应用

电子商务主要从以下几个方面为主流经济服务。（1）交易服务。紧密结合行业、区域特点，创新交易模式，深度开发和充分利用信息资源，发展面向行业、区域、企业及消费者的第三方交易及相关信息增值服务。（2）业务外包服务。扶持基于网络的生产经营性业务外包服务，提高服务水平，带动传统服务业快速发展。（3）技术外包服务。稳步推动信息技术外包服务，鼓励基础电信运营商、软件供应商、系统集成商的业务转型，发展面向政府和企事业单位的信息处理、数据托管、应用系统等信息技术外包服务，降低信息化建设和电子商务应用成本，促进专业化信息技术外包服务业发展。

电子商务作为转变我国经济增长方式和优化产业结构的有效途径，必将带动相关产业的进步，并催生新的服务行业，即电子商务服务业。电子商务服务业涉及金融、人才、第三方物流、信息服务、教育培训等多种行业，电子商务促进社会分工进一步细化，基于网络的电子商务交易服务、业务服务、技术服务的服务模式和服务产品不断创新，服务规模逐渐扩大。

四、电子商务对现代服务业企业绩效的影响

近年来，全球电子商务服务业发展十分迅速，对经济活动的影响越来越大，正在重构全球经济格局，加速信息社会进程，并对未来信息社会的形成、结构和演化产生重要影响。

电子商务的发展，对投入结构也会产生很大的影响。在生产过程中，各类要素对于经济的贡献率发生了变化，这种变化被看成"信息产业升级"。除此之外，电子商务在服务业中的引入也带来了更加快捷的服务方式和管理技能的提升。

综上所述，电子商务对服务业企业绩效的影响主要如下。

（一）可以加快信息流和物资流的传递，提高效率，降低企业运作成本

借助因特网，企业可以在全球市场寻求最优惠价格的供应商，而且通过与供应商信息共享，减少由于信息不准确带

来的损失，同时使直接交易成为可能，节省了时间、大量的人力和物力，减少交易环节和交易费用，显著提高业务的运作效率，降低了企业运作成本。

（二）通过 CRM，为客户提供更好的服务，快速推动业务创新

同传统服务业一样，客户关系管理在服务行业亦具有相当重要的作用，其每一笔业务都是建立在良好的客户关系管理之上的。实施电子商务后，一方面，服务类企业通过 CRM的实施，可以及时掌握客户的信息，对信息进行分析，为决策提供量化的数据；同时，可以了解潜在客户和客户的潜在需求，做出有效的预测；为客户提供柔性的、个性化的网上服务，使自己在众多的竞争性产品和服务中脱颖而出。

（三）行业特点适合于实现电子商务

服务业对信息的需求强度高，它们提供的是无形的服务而非有形产品，特别强调顾客服务与信息传递的关系。对服务业来说，重要的是将大量的专业与经验以信息流的方式，对顾客进行传达或服务，在本质上与电子商务的精神是相通的。

（四）拓展了业务范围，增加了商机

随着越来越多的电脑用户联入网络，全球信息共享正成为现实，地域概念明显弱化。电子商务可以超越时空的限制，整合产业资源，形成大经济规模的支撑，为服务业的发展提供了广阔的发展空间。同时有助于服务企业对潜在需求进行深层把握，有利于创新业务、拓展业务，特别是能为潜在客户提供更好的服务，提高经营效益。

五、结论

电子商务对现代服务业企业绩效的影响是很大的，电子商务在服务业中的应用正在向更广的方向发展。中国服务业企业可以根据电子商务对企业绩效的影响，与行业平均水平相比较，确定企业的资源优势和劣势给企业的经营绩效带来的影响，寻找最适合企业发展的经营模式。

参考文献：

[1] 康大臣，吕莹莹．对我国发展现代服务业的回顾、反思与前瞻 [J]．中国科学院院刊．

[2] 岚卫东，张祥建．现代生产性服务业的集群化发展模式与形成机理 [J]．经济理论与经济管理．

[3] 金立印．服务供应链管理、顾客满意与企业绩效．中国管理科学 [J]．2006，4（14）：100．

[4] 郑友．电子商务平台下的本国生产性服务业发展研究．科技创刊 [J]．2006（10）：101．

[5] 谷慧敏，杨海英．服务业特许经营绩效评价研究 [J]．学术，2007（2）．

中小型餐饮业集群发展研究

刘雅熙

摘　要：中小餐饮企业集群是指以餐饮产业为核心的相关产业或某特定领域内大量相互联系的中小餐饮企业及其支持机构在该区域空间内的集合。然而，集群化发展也是一把双刃剑，使用得当不仅可以推动区域经济、文化的发展，也有助于整个企业的发展；使用不当却可能给企业带来毁灭性的后果。本文通过实际案例就餐饮企业的集群发展和不同的集群管理方式，以及政府的作用进行了详细的阐述。

关键词：中小企业　餐饮企业　企业集群

一、引言

根据美国哈佛商学院波特教授的定义，产业集群是指一组在地理上靠近的相互联系的公司和关联的机构，它们同处或相关于一个特定的产业领域，由于具有共性和互补性而联系在一起。随着市场竞争的不断加剧，产业集群已成为餐饮企业品牌经营的重要策略之一。

当前，我国餐饮业供给具有以下特点：第一，从市场集中度看，我国餐饮市场为高度分散的"原子型"结构。在这种市场结构中，卖方集中度很低，企业规模很小，数量很多，而且规模分布比较均匀。第二，进入壁垒低，企业规模小，实力弱。第三，餐饮产品日益差异化、特色化，经营业态日益专业化。所以，需要像美食街这样的餐饮集群发展，发挥利益最大化和服务最优化，来适应市场需求。

然而，餐饮企业集群是一把双刃剑，如果运用得当，会使企业获得巨大利益；但如果运用不当，则会出现如招商数量少、消费者数量少等问题，给经营者造成致命的打击，也给消费者留下不良的印象。

二、集群发展的相关概念和理论

（一）集聚效应

集聚效应是指各种产业和经济活动在空间上集中产生的经济效果以及吸引经济活动向一定地区靠近的向心力，是导致城市形成和不断扩大的基本因素。集聚效应是一种常见的经济现象，如产业的集聚效应，最典型的例子当数美国硅谷，聚集了几十家全球 IT 巨头和数不清的中小型高科技公司。

（二）品牌效应

品牌效应是指由品牌为企业带来效应，是商业社会中企业价值的延续，在当前品牌先导商业模式中，意味着商品定位、经营模式、消费族群和利润回报。树立企业品牌需要企业有很强的资源统合能力，将企业本质的一面通过品牌展示给世人。树立企业品牌的方法有广告、日常行销、售后服务等，这些都有直接影响。品牌效应是品牌在产品上使用、为品牌使用者所带来的效益和影响。品牌是商品经济发展到一定阶段的产物，最初的品牌使用是为了便于识别产品，品牌迅速发展是在近代和现代商品经济高度发达的条件下产生的，其得以迅速发展即在于品牌使用给商品生产者带来了巨大的经济和社会效益。

（三）阿尔弗雷德·韦伯的工业区位理论

工业区位理论是研究人类工业生产活动中的空间分布和空间选择规律的理论。1909 年，德国经济学家阿尔弗雷德·韦伯发表工业区位理论的奠基之作《工业区位论》。以韦伯的工业区位论为代表的古典工业区位论思想在方法上逐渐从对单个企业的相对静态、动态区位分析，过渡到考虑整个市场因素的一般均衡分析，对现代经济发展具有重要意义。

（四）餐饮产业集群的管理

企业集群（又称为"产业集群"）的管理历来受到研究者的重视，如 Raco（1999）就强调了制度在地区经济发展中的重要作用。Keith 等人 2003 年为了解企业集群的管理，对英国布里斯托尔的文化业集群从产生、发展阶段、集群深度、与本地其他集群和外部的经济联系、集群支持、集群变化和机构组织等几个方面进行了全面深入的考察。实际上，这种案例分析方法特别适合于没有足够统计资料的餐饮集群的研究。

由于餐饮企业集群的规模比制造业集群小得多，而且服务业与制造业本身也存在差异，其管理也必然不同。目前，理论界尚无餐饮企业集群管理模式的相关研究，现实中餐饮企业集群的管理绩效迥异，因此有必要深入探讨管理对餐饮企业集群的影响。

餐饮企业集群在现实生活中又被称为美食街。在实践中，无论是自发形成的还是人工建造的美食街（城），都存在对内部企业的管理。自发形成的美食街（城）其管理者主要是政府相关部门，而人工建造的美食街（城）其管理者既有政府管理部门，也有投资者，后者所起的作用更大。显然，不同管理者的管理动机、管理模式是有差别的，最终的管理效果也可能相差很大。在收集资料的基础上，通过对典型案例的比较分析，以期找出不同管理模式对餐饮企业集群发展的影响。

三、中小型餐饮集群发展优势

企业集群理论是当今理论界讨论的一个热点，现实表明，企业集群正在或已经成为各个地区区域经济发展的新增长点，而区域经济发展又带动了国家的经济发展。一句话，企业集群发展的水平正在成为国家经济发展的风向标。

（一）餐饮集群形成的背景

第一，市场始终是餐饮企业集群发展的根本力量。任何企业的生存都离不开市场的需求，没有市场需求或者市场需求不足都不能使餐饮企业集群生存及扩大。在产业集群发展的初期，假如缺乏市场需求，新企业的创办就缺乏动力，大量的中小餐饮企业也不会集聚在一起形成产业集群。

第二，产业资本的迅速集中，劳动力及产业技术的充分自由流动是餐饮企业集群形成的必备条件。旅游业、餐饮业服务的高等教育、中等职业教育机构以及技能培训机构，这为餐饮业发展提供了大量人才。在政府的积极政策鼓励下，中小型餐饮业主才会把有限的资金大胆地投入企业集群中，大量的劳动力也会从各地向此集中，所以说政府也是餐饮企业集中发展的必要条件。

第三，文化和传统是集群经济的重要依托。地域文化与传统是各地不同的特征，各地的美食也各不相同，想要吃遍天下美食是一种奢求，消费者在旅游的同时能吃到各地的美食，也不是那么容易就能做到的，所以要发挥传统的强韧性，将各个企业优势互补，共同、协调发展，充分地展现当地人们的智慧和文化。

第四，国外名牌餐饮的刺激。20 世纪 90 年代中期，肯德基、麦当劳纷纷抢滩中国，它们以雄厚的资本在空间上占据了市中心繁华区、人流密集区，又以成熟的标准化管理和规模品牌优势，很快产生轰动效应，立足于我国市场，这给我国当地餐饮市场带来了很大的冲击。传统的餐饮企业规模小、空间布局混乱，寻求新的产业组织形式，谋求中小企业的发展出路已成为必然。

（二）餐饮产业集群的区位依托

餐饮形成集群后的市场主要面向外地市场和游客市场，因此餐饮产业集群的位置一般选择在主要旅游吸引物的周边地区。对产业集群区位的决定因素，着重强调了企业集聚形成前后相关联对降低企业生产成本的影响，本地中间投入品的可替代性越小，企业集聚的倾向越明显。尽管企业倾向于布局在市场潜力大的区位，但本地市场越大，不可流动要素的价格越高，生产成本也越高，哪种要素起决定作用关键在于贸易成本。通信技术发展使企业内远程管理的成本下降，并且降低了制成品的贸易成本，企业的管理部门和生产性服务业集中在中心城市，而生产部门迁出大城市，集中在专业化区以获得生产成本的优势。从这些理论研究的观点看，贸易成本和要素成本以及接近市场等因素决定了产业集群的区位分布。

（三）餐饮产业集群竞争优势分析

第一，降低交易成本。餐饮产业集群使得生产上的各个环节都变为市场竞争的主体，各个环节的生产和经营都根据效率与经济原则进行了广泛的分工和协作，从而使市场交易关系替代了内部治理关系，产品的交易成本大大降低。同时，餐饮企业的集群分摊了公共设备、基础设施等固定成本，并使得通用技术迅速普及，这些都有效地降低了餐饮企业的经营成本，使食品更具有价格优势。

第二，有利于专业化分工与协作。专业化分工是提高生产效率的主要途径。在集聚了多家餐饮企业后，竞争无疑是相当激烈的。而这些餐饮企业正是在不断的较量中分出胜负，找到自己的比较优势，市场告诉他们"什么是他们的优势所在，什么才是他们应该做的"；同时，这些餐饮企业也是在经营过程中不断地博弈，逐渐形成普遍接受的基本价值观，以及在此基础上建立起来的"游戏规则"及相应的"奖惩制度"。集群中的餐饮企业充分发挥自己的比较优势，在竞争和协作中扬长避短，共生共荣；更为重要的是，大量企业横向集聚带来的外部经济性和规模经济性，可以大大降低餐饮企业进入行业的壁垒，增加原材料、资本、技能劳动力的利用程度。

第三，有利于菜系推广和运用。在餐饮集群中，大多为中小型餐饮企业，而中小型餐饮企业受到规模、资金等因素的制约，单个企业的菜系创新能力有限。但当它们集聚在一起时就会产生邻近效应和社会化效应，促进企业之间互相模拟、学习，使这些餐饮企业暂时克服技术创新方面的薄弱环节，在较短的时间内挤进该行业，并求得生存。不可否认，缺乏技术创新、光靠模拟与学习对于餐饮企业发展是致命的；但对于这些只求先立足的小企业而言，模拟却是救命的。这似乎过于着眼于眼前利益，但并不妨碍这些餐饮企业

"先立足，再发展"的目标。

第四，有利于降低企业风险提高企业收入。当中小餐饮企业进行集群经营和专业化分工、社会化合作后，由于可以以最低的成本获得产品开发、市场行情等方面的信息，可以互相学习和模拟，开发目标的细化和开发投入的降低，必然会使餐饮企业的经营风险大大降低。同时，当消费者在消费的时候，不会只盯着一个餐馆消费，而会做出不同的尝试，这就给了其他企业很好的机会。所以，加入集群的餐饮企业既可以规避风险，又可以增加收入。

第五，有利于区域品牌的形成。在人来人往的美食街或者美食城，消费者在做出不同的尝试之后，在心里会有一个定位，在这个餐饮集群中哪个是最中意的味道，这会产生蝴蝶效应，其他消费者得知也会来尝试，也就逐渐变成了品牌效应。

四、结束语

第一，中小型餐饮业集群要素是一个有机的组成部分，需要企业的共同维护以及政府的培育和引导。第二，中小型餐饮产业集群发展是提升我国餐饮中小企业竞争力的有效途径，它有利于餐饮业走出地方市场，面向区域外市场和国际市场，融入区域、全球价值链生产系统，打造区域和国际品牌。第三，餐饮业是旅游业的重要组成部分，中小型餐饮业集群发展要融入旅游产业链中，为旅游业的整体水平提高做出贡献。

餐饮业集群发展也是一把餐饮双刃剑，如果运用得当，会给企业带来巨大利益；但如果运用不当，则会出现想招商数量少、消费者数量少等问题，给经营者造成致命的打击，也给消费者留下不良的印象。

但是企业集群发展的提出，是适应时代变化的，可以说是为中小型餐饮业打了一剂强心针。集群的发展，不仅仅增加了企业的收入，也为消费者寻找餐厅减少了时间，同时，这也是城市发展必不可少的因素。所以说，在城市发展中，企业集群发展可能是一个必然因素。

参考文献：

［1］邵继勇．中小企业集群与经济发展［M］．北京：科学出版社，2007.

［2］林汉川．中国中小企业发展机制研究［M］．北京：商务印书馆，2003.

［3］刘友金．论集群式创新的组织模式［J］．中匡软件学，2002（2）.

［4］赵中伟，邵来安．小企业集群竞争优势形成机理与地方政府促进其发展的措施［J］．经济问题探索，2002.

［5］琚胜利，陆林．餐饮产业集群发展探析——以安徽省芜湖市为例［J］．资源开发与市场，2005，21（4）：361－363.

［6］张河清．区域民族旅游开发导论［M］．北京：中国旅游出版社，2005.

［7］王辑慈．经济危机背景下对我国专业化产业区的反

思 [J]. 地域研究与开发，2009（3）.

[8] 胡文佳，涂满满. 商业集群与工业集群比较研究 [J]. 北方经贸，2008（7）：13-14.

[9] 魏卫，张文敏，曲波. 国外饭店与餐饮业发展循环经济的经验与启示 [J]. 生态经济，2006（7）.

[10] 李庆雷，明庆忠，马继刚. 旅游循环经济视野下餐饮业的运营与管理 [J]. 生态经济，2007（10）.

[11] 许昆林，倪弘. 我国排污收费制度的改革进程 [J]. 价格理论与实践，2004（9）：15-16.

[12] 刘小呀. 我国排污收费制度及其价格体系的改革 [J]. 中国人口资源与环境，2003，13（1）：49-53.

[13] 谢健. 我国民营中小企业制度与制度创 [J]. 经济管理，2002（23）.

[14] 翁君奕，等. 创新激励：驱动知识经济的发展 [M]. 北京：经济管理出版社，2003.

[15] [美] 迈克尔·波特. 竞争优势 [M]. 北京：中国财政经济出版社，1988.

构建餐饮行业员工敬业度提升模型

李彦彦　　曲学利

摘　要：服务员难招，员工流失率高，一直是餐饮领域管理者面临的严峻问题。然而，随着人口红利拐点的到来，作为劳动密集型产业的餐饮业用工荒的问题将进一步加剧。因此，如何能使员工敬业成为餐饮企业的迫切需求。本文通过探究餐饮行业现状来构建员工敬业度提升模型。

关键词：餐饮业　敬业度　模型

近年来，餐饮行业发展迅速，成为拉动国内消费需求速度最快、增长幅度最高的行业之一，然而，"人口金字塔的倒置"将使餐饮行业进入严寒时期，员工既难招又难留的问题，成为餐饮业一个头疼的问题。

在餐饮业所有的人力资源中，服务员无疑是促进餐饮发展的中坚力量，餐饮行业作为服务型行业，其人员流失不仅损失招聘、培训、业务等显性成本，而且还损失声望、士气、因理智而丧失的机会等隐性成本。因此，留住现任员工是关键，不仅可以为企业节约成本，而且可以解决"严寒"

时期用工荒的问题。

一、相关文献回顾

"敬业度"概念最早由 Kahn（1990）提出。他认为，敬业指的是给组织成员赋予明确的工作角色，而组织成员在角色扮演的过程中从体力上、认知上和情感上投入并真实地表达他们的自我。不过，尽管 Kahn 为敬业度提供了概念基础，但操作上的定义并没有给出。后续的学者不断加入，对敬业度的概念予以探讨，通过理论建构和实证分析将敬业度的概念引向深入[1]。Maslach 和 Leiter（1999）从工作倦怠的角度扩充了 Kahn 对敬业度的定义。认为敬业度应该被看作工作倦怠的反面，是与工作倦怠处于同一种状态下的两个不同的极端。其特点是高精力、投入和高效能感[2]。Schaufeli 等人（2002）在其敬业度的研究中虽然没有完全脱离工作倦怠的角度，但对敬业度提出不同的看法。他们将敬业度定义为"一种积极的，令人愉快的与工作相关的意识形态，具有活力（vigor）、奉献（dedication）和专注（absorption）的特点"。

翰威特咨询公司的研究指出，敬业的员工是指那些想要而且确实采取行动以提高自己企业经营绩效的员工，并且提出了员工敬业度的 3S 模型：（1）盛赞（Say）——他们是公司充满热情的拥护者，他们向同事、潜在的员工和客户盛赞自己所在的公司、同事，以及所从事的工作的优点和长处；（2）留任（Stay）——他们非常渴望成为公司的一员，希望能长久地待在公司，而不是把现有的工作作为临时的过渡；（3）奋斗（Strive）——他们超越了最基本的要求，为客户、公司和同事提供出众的专业服务，并取得非凡的工作业绩。

韬睿咨询公司的研究把员工敬业度划分为两大维度：理性敬业和感性敬业。其中，理性敬业是指当员工认识和了解到工作能为个人带来金钱、职业技能或者个人发展等方面的利益时，能够进行自我激励和认知投入，愿意付出努力来帮助公司获得成功；感性敬业是指当员工珍视、热衷和认同自己所从事的工作时，会对公司进行更多的情感投入，并关注公司未来发展的问题。

翰威特咨询公司的研究指出，企业想采取措施使员工队伍中更多的成员投入工作时，关键要了解自己公司内的不同员工，因为他们在自己职业生涯及与公司关系的不同阶段会有不同的敬业要求。采用一种积极的手段来管理员工的职业生涯有助于增强公司创造价值的能力。通过公司的长期研究表明，大量的因素会对某个员工在公司内的敬业度产生促进作用（如图1所示）。同时还表明，认可和机遇的因素几乎成为亚洲最具普遍意义的促进因素。经理的重要性因素是美国和亚太地区国家之间的主要区别。在美国，直接的上司排在第四位，而在亚太地区（除印度外）的任何一个国家都未能挤进前四的位置。相反，薪水、政策和重视员工的因素在几个亚太国家都很重要，但是，在美国却并不重要。

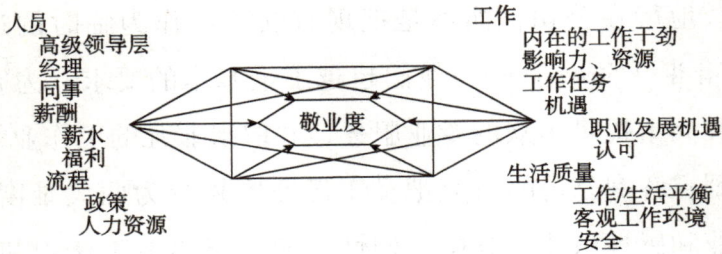

人员
　高级领导层
　经理
　同事
薪酬
　薪水
　福利
流程
　政策
　人力资源

工作
　内在的工作干劲
　影响力、资源
　工作任务
机遇
　职业发展机遇
　认可
生活质量
　工作/生活平衡
　客观工作环境
　安全

敬业度

图1　影响员工敬业度的促进因素

资料来源：（美）迈克·贝纳特，安德鲁·贝尔著，张义译．驱动力［M］．北京：电子工业出版社，2006：91．

二、餐饮行业现状分析

虽然餐饮业的发展取得了一定的成效，但是随着经济的发展，居民的收入水平和消费水平也在不断地提高，居民的消费能力也随之提升，因此餐饮业在迎来发展机遇的同时，也面临着各方面的问题。

（一）劳动强度大，身心容易疲劳

餐饮服务人员的劳动时间一般是从上午9点至下午14点，再从下午16点至夜间21：30或者更晚，没有固定的节假日，越逢节假日，工作强度越大。每天的作息时间也不固定，只要一名顾客没走，就不能下班，并且上班时间基本不能坐下休息，经常体力透支。另外，餐饮行业提倡"微笑"服务，每天面对形形色色的顾客，心理承受了很大的压力。

（二）学历低，整体素质不高

根据社会相关人力资源调查资料显示，餐饮业服务员初中及以下学历约占总人数的 24%；高中学历的约占总人数的 71%；大专学历（包括进修取得的学历）占总人数的 4.66%；本科学历的仅占总人数的 0.34%。这是因为，一方面，受我国文化观念的影响，很多有本科学历的人耻于从事服务员工作，一般在餐饮企业工作都选择做管理层；另一方面，从事服务员工作需要的是体力劳动，大部分的从业人员还没有意识到低学历所带来的困难。

（三）餐饮业员工薪酬水平较低，没有提供相关的福利制度

餐饮服务人员的工资待遇大概包括两种情况，一种是只有固定工资，另外一种就是由"底薪＋绩效工资"构成，薪酬结构过于简单，餐饮行业的员工几乎没有相应的福利待遇，只是在国家的法定节假日时给予双薪补助。

（四）餐饮业从业人员流动频繁

很多餐饮企业常年贴着招聘启事，经常出现"用工荒"现象。导致餐饮业从业人员流失率高的原因，一方面是受到传统观念的制约，在人们心目中从事餐饮行业的工作是低人一等的，很多人只是把餐饮工作作为暂时的过渡，只要时机成熟，就会立即跳槽到另外的行业；另一方面是员工看不到职业发展的机会，上升空间小且晋升的通道很狭窄。因此导致餐饮行业员工流动率一直居高不下。餐饮从业人员的高流失率既会增加企业的成本，又会影响企业服务的质量及人心的稳定，甚至导致员工对企业的敬业度降低。

（五）餐饮企业员工敬业度普遍不高

敬业度不高主要表现在：工作懒散，缺乏良好的精神面貌，主动性不强，很多时候需要顾客招呼才会上前服务，有时即使顾客主动要求服务，也会慢腾腾地走过来，甚至表现出不爱搭理的样子；服务态度较差，很多员工工作时总是板着脸，让顾客感觉不到热情。

三、构建员工敬业度提升模型

针对餐饮行业现状，如果企业的管理人员能够和员工进行有效的沟通，解答员工心中的六个重要问题，并且采取相应的管理措施，那么员工的敬业程度就会得到有效的提升。构建模型如图 2 所示。

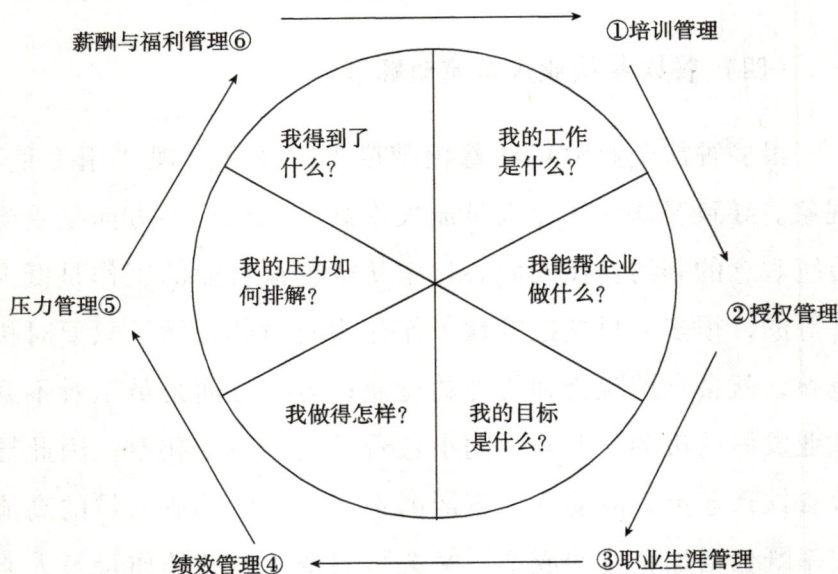

图 2　员工敬业度提升模型

（一）解答员工"我的工作是什么"

员工培训应按照企业经营的方向，有计划、有目标、有步骤地向员工灌输正确的思想观念，传授工作管理知识和技能。要有计划地安排岗前培训、在岗培训、转岗培训和晋升培训。注重员工在服务意识、服务理念、团队精神、感恩思想、礼仪意识等方面的加强，只有从心理上让员工有了这些思想意识，才能在实际行动中规范自己的言行。

管理人员必须给予员工最适合其特点和所长的职责与职位，让他明确该做什么、怎么做，了解员工之间的差异性，了解不同员工的不同需求，尊重他们的需求，调动起他们的积极性，从而使他们创造出更大的价值。

在工作分配上，要划分责任，具体到人，唯才是举，把责任及标准规范条文制度化，以标准发放员工岗位工资，让员工充分感受到自己的努力是有标准去衡量的。

（二）解答员工"我能帮企业做些什么"

给员工充分的自主权，能调动员工的工作积极性，激发员工的工作热情以及成就感。餐饮企业的管理者要懂得适度授权，让员工获得与工作职位相对等的权利，员工才能更好地做好本职工作，员工在提供服务的过程中不可避免会遇到一些突发事件或意料之外的事情，这时候员工如果拥有工作范围内的权利，就能够灵活、及时地处理问题，让顾客享受到更好的服务。另外，管理者在做决策时能够重视下属的意见和建议或让员工参与组织的管理，授予员工一定的权利，为其创造参与管理的机会，满足员工精神上高层次的需求。这样做不仅会增强员工作为组织成员的荣誉感与责任感，觉得自己与组织是同进退的，从而会表现出更高的工作热情，而且可以给员工提供更多的成长机会，为餐饮企业培养人才以及留住优秀人才。

（三）解答员工"我的目标是什么"

服务行业的员工一般工作内容较为单一，长时间从事重复的工作内容，容易使员工产生厌烦情绪，服务质量也会随之下降，饭店可通过岗位轮换、安排临时任务来变动员工的工作，为员工提供多种工作途径，积累不同的经验，使他们熟悉各个岗位上的工作，有助于提高各部门间的工作协调性。员工需要不断学习和掌握新的技能和知识来充实自己，餐饮企业便可帮助员工制订个人发展计划，协助员工学习各种专业技能以及其他方面的知识和技能。可根据餐饮企业发展要求，依照员工自身的特点和所学专业，使其以后的发展符合餐饮企业的需求，跟上餐饮企业的发展步伐。管理者要充分了解每一个员工，为他们制订职业生涯计划，提供培训学习机会和多元化的发展空间，让员工充分施展自己的抱负，最终促进其职业生涯计划的实现。

（四）解答员工"我做得怎样"

这一点其实是要求管理人员为员工提供工作绩效反馈。

绩效反馈是企业的管理人员为员工提供有关其行为结果的正确或适当与否的信息，是对员工工作认可程度的表现。因此，要建立一个公平公正的绩效评估体系。餐饮企业应建立一个公平公正的绩效评估体系，做到每个员工在考核过程中计划均等、条件相同、时间一致；判定考核结果和运用考核结果时也应一视同仁，人事变动本着内升外求相结合的原则，内部有适当人选则内升，无胜任者再外求，让员工明确个人职位提升的要求与目标，使其看到自己的职业前景；可通过实行举贤选能、双向选择和竞争上岗等制度和措施来达到人力资源的优化配置。

（五）解答员工"我的压力如何排解"

为加强企业文化建设，企业可通过不同形式的内部员工活动，如联欢会、旅游、员工生日会、困难救济等来加强员工的内部凝聚力和向心力，增强员工的归属感，建立和睦顺畅的企业文化思想，而不能把文化只当成口号去喊，只有这样，员工才能时时感受到企业文化的存在和文化的交融，人心才能聚集。

餐饮企业管理者要加强与底层员工的沟通、交流，实现管理者与员工的双向沟通，通过沟通了解员工的愿望和需求，密切关注员工的精神状态，帮助员工缓解工作压力以及疏导心理压力。同时，管理者要适当地站在员工的角度，在生活上多体察员工的想法和感受，替员工考虑问题，让员工能切实地感受到来自领导的关怀，同时领导在做决策时会听取下属的意见和建议，通过理解员工、关心员工、爱护员工、尊重员工等情感管理增强管理者与员工之间的情感联系，满足员工的心理需求，最终提升员工的敬业度。

（六）解答员工"我得到了什么"

1. 建立合理的激励机制

根据马斯洛的需要层次理论，人只有满足了低层次的需求，才能逐渐有更高层次的需求。不合理的薪酬福利奖惩制度会使员工产生不平衡感，进而影响其工作的积极性，甚至失去对公司的信任，使企业丧失人才竞争方面的优势。所以，餐饮企业管理者要制订公正、合理、有吸引力的薪酬制度。

2. 加强福利制度的分配

良好的福利待遇对调动员工积极性、保证服务质量、提高餐饮企业经济效益、减少人员流动起着积极作用，是餐饮企业管理的一种有效手段。如员工夏季享受餐饮业规定的防暑费，冬季享受餐饮业规定的取暖费。良好的福利待遇能调动员工的积极性，提高餐饮企业服务质量，带动餐饮企业的经济效益，对提高员工敬业度有着积极的作用。

在当今物价高涨的年代，福利待遇决定着员工生活水平的提高，这个包括员工的工资福利、医疗保险、养老保险、包吃包住，也是餐饮行业的主要福利，而宿舍的卫生、伙食的质量也直接影响到员工的工作热情。

参考文献:

［1］ KAHN, W. A. Psychological conditions of personal engagement and disengagement at work ［J］. Academy of Management Journal, 1990, 33（4）: 692 – 724.

［2］MASLACH C. , LEITER MP. Burnout and engagement in the work – place: a contextual analysis ［J］. Advances in Motivation and Achievement, 1999（11）: 275 – 302.

［3］SCHAUFELI, VV. B. , SALANOVA. M. , GONZALEZ – ROMA, V. , BAKKER, A. B. The measurement of engagement and burnout: a twosample confirmatory factor analytic approach ［J］. Journal of Happiness Studies, 2002, 3（1）: 71 – 92.

［4］陈士桢. 关于"80至90后"及其教育引导 ［J］. 中国青年政治学院学报. 2009（2）.

［5］刘雪梅. "体贴"换不来员工满意——走在前面的"最佳雇主"员工敬业度调查 ［J］. 人力资源开发与管理, 2003（1）.

［6］潘鑫, 王奋. 餐饮企业员工敬业度影响因素分析 ［J］. 中国民营科技与经济, 2008（5）.

员工忠诚度提高研究
——从需要理论角度分析

张 强 杨 宜

摘 要: 目前,我国企业(尤其是高新技术领域)员工流失严重。据《中国经营报》调查发现,全国民营企业普通员工的年流动率高达50%,中高层管理人员、技术人员每年也有约20%的人有意跳槽。而民营企业核心人才集体跳槽,国有企业"三师"纷纷出走亦非新闻。这些行为直接造成了一些企业人工成本高、管理困难,从而严重影响了产品的竞争力,甚至有一些企业因核心人才出走而垮掉。此外,在职员工责任心差和敬业精神缺失也成为不容忽视的问题。据统计,企业每年发生的产品、服务事故,大约有60%是因为员工岗位意识不强、责任心差造成的。我国不少企业拥有世界先进的一流设备,而生产出来的却是二流乃至三流的产品。其深层原因在于员工与企业不能同心同德。因此,提高员工对企业的忠诚度成为每个高层管理者都十分关注的问题。对此,本文将从需要理论的角度研究及分析如何提高员工的忠诚度。

关键词: 员工的忠诚度 需要理论 分析 提高

一、研究的意义及背景

现今的社会正处于科技高速发展、行业种类繁多、职业种类各不相同的时代，市场的复杂性和多变性逐渐增强，竞争也随着发展的浪潮变得更加激烈和残酷。在如此复杂的现实情况下，组织的领导者、运营者以及组织内部的各级雇员，都在思考着一个问题，那就是如何真正地上下团结、互不猜忌、共同努力，使组织能够在激烈的市场竞争大潮中乘风破浪，处于不败之地。因此，大家都在谈论一个词汇，那就是——忠诚度。那么，什么是忠诚度呢？简而言之，忠诚度就是忠诚的程度。我们知道，任何一个人或组织都是在现实的社会中生存，员工忠诚度低，导致员工队伍不稳定，影响企业的凝聚力，削弱企业的竞争实力，最终阻碍企业经营目标的实现。近年来，随着大批国外企业的涌入，企业间的人才争夺日益激烈，国内企业人才流失现象比较严重。据国家科委对承担高新技术项目单位的调查，人员流失的单位约占78%，在流失的人员中具有高级职称的占75%，具有硕士及硕士以上学位的人员占35%，有近一半的人员流向国外企业，其次是流向外商投资企业。人才的流失导致企业竞争力下降，企业最终可能将被淘汰。为了能在这样激烈的环境中存活下来，企业必须提高其竞争力，提高员工的忠诚度。

任何组织都有各种各样的需求，如果想让组织内部的员工尽心尽力地工作，就要满足他们的需要，促使其按组织所需要的方式行事，因此要激发其工作动机，调动其积极性，这就必须研究员工的需要和怎样来满足员工的需要，从而最大限度地发挥员工的潜能。

马斯洛1954年在他的代表作《动机与个性》里提出了层次需要理论，这一理论几十年来流传甚广，是行为科学家试图揭示需要规律的主要理论。马斯洛的需要层次理论主要包括两个主要的论点和五个需要层次——生理需要、安全需要、归属需要、尊重需要和自我实现需要。

本文将从需要理论五种需要的角度来分析怎样提高员工的忠诚度，从而提高企业的市场竞争力，成为市场大潮中的弄潮儿。

二、马斯洛的需要层次理论

美国心理学家马斯洛提出了需要层次理论。他认为，人们的需要是多样的，并且是以层次的形式存在的，主要包括两个基本论点和五个需要层次。

（一）需要层次理论的两个基本论点

马斯洛的需要层次理论有两个基本论点：首先，人是有需要的动物，其需要取决于他已经得到什么，还缺少什么，只有尚未满足的需要能影响行为，也就是说已经得到的需要不能再起激励的作用；其次，人的需要呈等级状态，是由低级到高级上升的，只有在低级层次的需要被逐渐实现以后，高层次的需要才会出现寻求满足。

（二）需要层次理论的五个需要层次

1. 生理需要

这是人类最基本的需要，包括食物、水、住所以及其他方面的生理需要。在组织环境中，这一需要体现为对足够的热量、空气以及保障基本生存的工资的需要。

2. 安全需要

指人们对安全的生理与情感的需要，以及人们不受威胁的需要。在组织的环境中，这一需要体现为人们对安全的工作、工作场所的安全保护以及对附加福利的需要。

3. 归属需要

体现为人们希望被同代人接受，享有友谊，属于某个群体，为人所爱。在组织中，这种需要影响着人们，与同事形成良好的关系，参与团队工作，并与上级友好相处。

4. 尊重需要

指人们需要他人的注意、肯定和欣赏，以建立良好的自我形象。在组织中，这一需要体现在为希望获得肯定，增加其所承担的职责，地位提高，并对组织有所贡献。

5. 自我实现需要

这是人们需要的最高层次。它关注人们爱心的树立，强化人们的能力，使人们在自我发展的道路上有所提高。在组织内，自我实现的需要可以通过为人们提供成长和富有创造力的机会，以及使人们获得培训的机会以迎接新的工作任务的挑战而获得。

（三） 五种需要层次的递进关系

一般而言，生存和安全需要属于较低层次，是物质方面的需要；社交、尊重和自我实现的需要，则属于较高层次，是精神方面的需要。马斯洛认为，人的需要遵循递进规律，在较低层次的需要得到满足之前，较高层次的需要的强度不会很大，更不会成为主导的需要。当低层次的需要获得相对满足后，下一个较高层次的需要就占据了主导地位，成为驱动行为的主要动力。

三、员工的忠诚度

对于员工忠诚度的定义主要有行为忠诚论、态度忠诚论和综合忠诚论三种观点。

行为忠诚论：一些学者认为，员工的忠诚是员工表现出来的对企业的一系列具体行为，着重强调对企业的贡献标准。

态度忠诚论：另一些学者认为，忠诚度实际上是员工对企业的一种态度，应该着重从员工的认识、情感和行为倾向方面加以考察。

综合论：一些学者认为，忠诚是员工对企业行为忠诚和态度的统一。员工对企业的忠诚不仅要看员工对企业的态度，更要看员工对企业的行为，只有这样员工对企业的忠诚才具有应有的价值。否则，单独强调态度忠诚或者行为忠诚都是不全面的。

（一）员工忠诚度对企业的意义

员工对企业忠诚度的高低既反映了企业管理的好坏，又关系到企业的成本和利润。随着知识经济时代的到来，员工流动率提高，员工对企业的忠诚度逐渐降低。

员工忠诚度对企业的意义主要表现在以下两个方面。

1. 员工的高忠诚度有利于企业的生存和发展

忠诚是效率是竞争力，是企业发展的基石，忠诚管理可以带来可观的回报。一些学者研究发现，员工忠诚度每提高5%，客户满意度能够提高1.3%，进而企业的销售额能够增长0.5%，以明确的数字表明了员工忠诚给企业带来的效益。

2. 员工低忠诚度对企业将造成危害

员工流失不仅会使企业蒙受招聘、培训和生产效率降低的损失，还会极大地损害企业的形象，影响顾客的忠诚度，造成顾客的流失；而且会导致企业的工作连续性受到严重影响，商业机密外漏；同时，人心不稳，无法形成稳定的企业文化，使企业缺乏凝聚力和战斗力。

（二）员工忠诚度下降的表现

跳槽的现象频繁发生，员工流动加剧。

身兼数职、主次不分：一个人往往挂上多个头衔，在多个公司、组织都担当了不同的职务，学历越高，这种现象发生的几率越大。

主动性下降、责任心不够：现在很多知识员工不干"义务事"，不做没有个人收益的事情，工作中干任何事情都要讲回报，缺乏对企业的奉献精神。

出卖企业商业秘密，获取额外回扣：有些知识员工由于掌握了企业较多的技术与商业机密，把这些机密卖给竞争对手，获取高额回报，而对由此给企业带来的巨大损失却视而不见。

（三）员工忠诚度低的代价

1. 人才流失

首先，会造成前期大量人力资本投资的损失，增加人才的置换成本。其次，由于商业和技术秘密一般属于隐性知识，员工是这类隐性知识的天然载体，因此，人才流失可能会造成企业的商业和技术秘密等无形资产的损失。

2. 绩效降低

如果员工满意度低，对企业缺乏忠诚度，即使人才没有流失，也会"身在曹营心在汉"，对工作敷衍塞责、应付了事，不但会造成工作效率降低，还有可能造成企业技术、信息和客户等资源的损失。员工忠诚度低，还会导致员工队伍不稳定，影响企业的凝聚力，削弱企业的竞争实力，最终阻碍企业经营目标的实现。

四、从需要理论来分析提高员工忠诚度

（一）生理需要角度

生理需要是人类最基本的需要，如果得不到满足，人类就难以生存，所以企业必须首先满足员工的生理需要。生理需要在企业中包括足够的薪金、舒适的工作环境、适度的工作时间等。领导者想提高员工的忠诚度应先为员工提供一个舒适的工作环境、适度的工作时间以及基本工资。基本二资必须能够维持员工的基本生活需要，能够保证员工亲人子女的生活和教育需要。基本工资具有常规性、固定性和稳定性的特征，它是满足员工生理需要的一个最基本的层面。它在解决了员工的基本生活需要的同时，也增强了员工对企业的信任，使员工有了一定的心理安全感；这也使员工获得心理上的成就感和满足感，起到一定的精神激励作用。另外，管理者还可以根据自己企业的特点更改薪酬结构，例如：朗讯的薪酬结构由两部分构成，一方面是保障性薪酬，只和岗位职能有关；另一方面薪酬和业绩紧密挂钩。在朗讯非常引人注目的一点是，向员工发放全球业绩奖，即朗讯所有员工的薪酬都与其全球业绩有关，这是朗讯在全球执行 GROWS 行为文化的一种体现。所谓能者多劳，你完成的绩效越多你得到的薪金就会越多，在一定程度上起到了激励的作用。而且在基本工资的基础上，领导者还可以根据企业的绩效对员工进行加薪或奖励，奖金是对工资制度的补充，是对员工超额劳动或者增收节支的一种报酬形式。奖金制度具有较强的针对性与灵活性，有很强的激励功能。

（二）安全需要角度

安全需要在企业中包括工作的保障、退休保障、福利保障等。任何人都不想过颠沛流离、朝不保夕、惶惶不可终日地生活，每一位员工都想长期拥有一份满意的工作。为了满足员工的安全需要，领导者可以通过以下几个方面来实现。

尽可能地实行终身雇用。它给予员工以稳定感和安全感，使员工能踏实地工作，以企业为家，有种主人翁的责任感。

慎重对待裁员。

创建诚信的企业文化。信任在社会和组织中的地位就像是"生命中产生奇迹的因素——一种减少摩擦的润滑油，把不同部件组合到一起的联结剂，有利于行动的催化剂"。它的作用是无法替代的。在企业中，信任就像婚姻中的爱情一样，它把企业与员工、上级与下级、员工与员工紧密地联系在一起，相互支持，相互帮助。创建企业诚信氛围，是满足员工心理安全需要的重要内容。

重视员工的劳动环境和人身安全。

建立公正、公平的薪酬和奖惩制度等。

建立良好的福利制度。福利制度是指企业在保障员工的基本正常生活的同时，在工资、奖金之外向员工及其家属提供的货币、实物和各种服务。福利制度的高低显示企业实力的大小，是企业人才竞争力的重要因素之一，也是提高员工忠诚度的一种手段。

（三）归属需要角度

"任何人都不是孤岛。"人的社会性决定了人对组织的依赖性。员工不是机器人，企业既是员工物质生活得以保障的组织，也是员工精神生活的重要场所。这里的"归属"是指员工对企业的依赖程度、需要程度、满足程度和骄傲程度，在企业中包括上司的关怀、友善的同事、联谊小组等。满足员工归属的需要，是属于精神层面的东西，在实践中没有固定的模式和章法，但我们可以从以下几个方面来满足员工的归属需要。

树立"创造财富、回报社会"的企业经营理念，赞助和捐助社会公益事业和社会慈善事业，塑造企业良好的社会形象，增强员工的企业自豪感和归属感。

关心员工生活和疾苦，"察民情，知民意，顺民心"。不仅要关心员工本人，还要关心员工的家庭和亲人。员工的生老病死、红白喜事企业都要有所表示，营造亲情管理的氛围，给员工以"家"的温暖。

制订并宣传企业奋斗目标和长远发展愿景，鼓舞员工士气。

提倡并鼓励"团结友爱，互相帮助，共同进步"的员工关系准则。

尽力实施较好的员工福利计划，特别是员工医疗和养老保险计划。

适当的仪式。如宣誓仪式、企业庆典、奖励庆功大会等。

(四) 尊重需要角度

尊重包括自尊和外界尊重两方面，二者相互影响。自己内心对自我的尊重可以使人精神焕发，做事精神百倍，成绩显著，这是由内而外的；而外界的荣誉、地位、赞美又可以给予一个人更多的权利和机会，使其更容易增强自信，走向成功，这是由外而内的。在企业中的尊重包括职衔、优越的办公环境、当中受到称赞等。在具体实践中应注意以下几个方面。

重视并学会倾听、交流和沟通。企业一线经理人要善于倾听，包括倾听员工的意见、建议、抱怨、牢骚、言辞激烈的批评甚至漫骂。倾听是一门艺术，它是交流和沟通的前提，只有用心倾听，才能实现心与心的交流与沟通。

学会表扬和赞美。即使员工取得一点点成绩，都要立即给予表扬和赞美。表扬和赞美也要注意适当的形式，以使其效果最大化。

让员工参与管理。这样员工会感觉到自己被重视、被认可，提高了员工的忠诚度。

建立有效的内部岗位轮换、升迁机制。

创建学习型组织。

零距离亲密接触。这样会增加员工与管理人员的亲切感，使员工感受到被尊重。

（五）自我实现需要角度

自我实现需要是人类最高级的需要，它包括最大限度地发挥人的潜能，提高人的能力，成为更优秀的人才。在企业里，满足自我实现需要有几条途径：为员工提供成长的机会；给予员工以发挥创造力的机会；加强培训，以使人们能够承担有挑战性的工作任务和更好地适应新的晋升的岗位。

五、结论与意见

综上所述，员工的忠诚度严重影响企业的绩效和市场竞争力。企业为了提升竞争力，提高企业的效率，可以从需要理论的五个层次角度进行分析来满足员工的各种需要，从而最大限度地提高员工的忠诚度，进而增强企业的竞争力。

我国企业人才流失现象非常严重，严重影响了企业的发展，但还是有许多企业在提高员工忠诚度方面表现得非常成功。例如朗讯，开始看钱，然后看发展，建立有效的薪酬制度来满足员工的生活需要，从而大大地提高了员工的忠诚度。再如松下，发动"人事革命"进行人行性化的管理，让员工有种主人翁的责任感，充分地满足了员工的归属需要，进而提高了员工的忠诚度。其他企业可以学习成功的企业是怎样运用需要理论来提高员工忠诚度的。

参考文献：

［1］斯蒂芬·罗宾斯．组织行为学（第10版）［M］．北京：中国人民大学出版社，2005.

［2］孙健．员工忠诚度的培养［M］．北京：企业管理出版社，2003.

［3］高健．员工忠诚度的全程管理［J］．中国人力资源开发，2002（2）．

［4］周亚越，俞海山．员工忠诚的三维因素分析［J］．企业改革与发展，2003（3）．

［5］郑庚峰．如何提高知识员工的忠诚度［J］．政策与管理，2002（12）：1.

［6］谭远发，王挺．员工忠诚度下降的原因及对策［J］．人才资源开发，2004（8）．

［7］张晓光．影响组织与员工双向忠诚的因素［J］．中国人力资源开发，2005（7）．

［8］陈方．员工忠诚度管理的五个阶段［N］．中国文化报，2006－08－30.

［9］赵瑞美．试论企业员工忠诚度下降问题［J］．企业经济，2004（5）．

［10］蔡翔，张光萍．企业文化对知识员工忠诚度的影响研究［J］．商业研究，2007（364）．

核心员工薪酬激励研究

张 强 杨 宜

摘 要: 核心员工是企业核心竞争力的关键。随着市场竞争的不断加剧,组织中核心员工的工作性质、工作动机等日益复杂化,传统的薪酬激励已经跟不上时代的脚步。本文分析了核心员工的重要性,给出了薪酬激励的必要性和几个原则,最后结合我国企业的实际给出了薪酬激励的方法。

关键词: 核心员工 薪酬 激励

一、引言

我国市场经济的自由、自发机制,使得我国的民间资本有了出路,企业雨后春笋般的蓬勃发展态势就是一个证明。但是,企业薪酬激励制度是否能够吸引、保留其企业的核心员工,已经成为我国企业能否继续健康生存、发展的严肃课题。

薪酬机制一直是企业的一个敏感问题,不适用的薪酬机制给企业带来一个又一个的"人才流失—效益下降—人才流失"陷阱，因此，无论这个问题是否敏感，我们都需要客观、认真地进行研究。

根据意大利经济学家帕累托提出的 80/20 原理，多数管理学家认为企业的效益在很大程度上取决于这 20% 的员工的贡献，核心员工更是重中之重。同时，核心员工因为其本身资源的稀缺性，导致社会供求的不均衡，这样就为核心员工的自由流动提供了有利的劳动市场环境，核心员工的激励问题也就成为困扰企业经营管理者多年而难以解决的一大难题。核心员工的高流失性与高贡献性决定了核心员工的激励问题必然成为企业人力资源管理过程中的重头戏。传统的激励理论往往是针对制度、人事、管理人才比较规范、健全的大中型公司来说的，没有专门针对小型公司特点而阐述的激励理论、薪酬理论，现实与理论的矛盾，导致公司的薪酬激励机制的建立缺乏理论的指导，往往达不到设立薪酬激励机制的目标，陷于公司薪酬激励成本的付出与回报不等的矛盾之中。如何建立适合市场需要、符合企业独特个性、完整而科学的核心员工的薪酬激励体系，有效地吸引和激励核心员工，已经成为企业在市场竞争中生存、发展，获得竞争优势的关键。

二、核心员工的定义

企业核心员工就是指那些掌握企业核心技术或从事企业核心业务或处在企业核心岗位，对企业生产经营有着重大影响力或决策权的，理解与实践企业核心价值观的员工，包括高层管理者和研发骨干等知识创新者、高级技术工人等。按照核心员工所掌握的企业资源及对企业的不同影响，可将核心员工分为三类：一是掌握企业专业诀窍的核心员工，这些技术诀窍是企业的关键，核心员工的工作绩效影响企业经营的正常运转；二是掌握广泛外部资源的核心员工，他们是企业与外部组织相联系的桥梁，直接与客户和供应商接触，具有重要的人际网络和上下游供销网络，企业多依靠他们来获取资源并输出产品；三是管理企业的核心员工，他们的有效管理使得企业的生产经营正常并高效运转，是企业的指挥部与决策层，是企业的中枢所在。

三、核心员工的特征

综合学者和专家的研究，通过对核心员工特征的归纳分析，本文认为对核心员工的重要特征主要归纳为以下几点：不可替代性、稀缺性、高流动性、人力资本特征。

（一）资源稀缺性特点

核心员工是区别于企业一般员工而存在的特殊群体，其特殊之处就表现在他们的不可替代性和稀缺性上。稀缺性是指在劳动力的竞争市场上是"供小于求"，处于卖方市场，在很大的程度上会具有"不可替代性"。资源稀缺性决定其短期内具有不可替代性，核心员工的特殊，就是因为它在企业内是稀缺的，在短期内是不可替代的，是很难找到替代者的。物以稀为贵，市场供应的稀缺性决定了相关岗位的员工在特定的时间段或经营环境内部，也会成为一定意义上或者某些方面不可代替的员工，并由此而成为企业的核心员工。杨佑国（2001）、郭云贵（2004）、宁智和李春茹（2005）、张小明（2005）、杨巍（2002）等分别于各自的论文专著中论述了核心员工的这一特征。

（二）高贡献性特点

根据意大利经济学家帕累托1897年发现的"二八原理"，在投入和产出、努力与收获、原因和结果之间，普遍存在不平衡关系。少的投入，可以得到多的产出；小的努力，可以获得大的成绩；关键的少数，往往是决定整个组织的产出、盈利和成败的主要因素。郭云贵（2004）、惠玉蓉（2005）、江洪（2006）等认为企业内部属于少数群体的20%的核心员工创造了企业80%的贡献，其高贡献性是其特性的一个重要方面。

（三）高流动性特点

董姝妍（2005）、张兵（2006）、刘辉（2006）等认为正是核心员工在劳动力市场上的特殊地位决定了他们能轻易地流动到条件更优越的企业，获得更好的职业发展，因此核心员工的高流动性也就不可避免。按照理性人假说、经济人假说，人们总是会选择对其最有利的事情。核心员工的稀缺性、不可替代性，保障了核心员工在相当长的时间内处于卖方市场上，这就使资源的提供者、拥有者——核心员工处于劳动力市场上讨价还价的有利地位。

（四）人力资本特征

几乎所有的专家、学者都承认核心员工的人力资本特征。刘辉（2006）等学者在其著作中对核心员工具有人力资本特征进行了详细分析，核心员工的稀缺性、高贡献性、高流动性的根源就在于它的高人力资本特性上。

四、核心员工激励的重要性

核心员工对公司来说极为重要，他们代表着企业的核心竞争能力。他们的出走将会给企业带来巨大的损失，甚至可能是灭顶之灾。而在现今竞争日益白热化的市场竞争情况下，各个企业对人才的重视程度逐渐提高，人才战略逐渐被提到日程上来，对核心员工的争夺也是家常便饭，彼此间心照不宣。在这种形势下，企业如何把核心员工留住、保持住自己的竞争实力、防止对核心员工的培养最终沦为他人的"嫁衣裳"，是企业必须思考与解决的迫切问题。良好的、先进的激励制度是吸引企业核心员工的磁铁，并能够激发核心员工的潜力。企业必须建立适合核心员工需求的激励制度，以期在经济浪潮中或站稳脚跟或壮大规模。

对于企业员工来说，薪酬是他个人价值的体现。在2011年有某项薪酬调查发现，员工离开公司的首要原因是薪酬，占46%；其次是福利，占29%；职业发展机会、稳定性、公司发展前景、培训和个人发展等依次排在后面。可见薪酬福利是员工看中的重要因素。

　　而对于核心员工而言，他们拥有非同一般的资源，能够对企业产生深远影响。他们一般比普通员工付出了更多的努力和艰辛，所创造的效益远高于企业员工的平均效益。所以他们的价值也应高于社会平均薪酬。因此，企业要首先承认核心员工的价值，然后要为其提供高于同类企业的市场平均薪酬，确保其薪酬水平与其创造的价值相适应，满足核心员工不同层次的需求，从而避免核心员工的流失，维持并提高企业的竞争力。

五、企业核心员工的薪酬激励原则

　　根据企业核心员工与一般员工的不同，应根据他们的具体特点，制订具有针对性的薪酬激励制度，同时应遵循以下原则。

（一）与绩效挂钩

　　绩效是指员工在一定的时间与条件下完成的工作成果，以及工作带来的经济效益和社会效益。工作绩效分成工作的行为与结果两个方面，这两个方面都决定着工作的表现。对于核心员工的绩效评估综合行为与过程的总和，即行为＋结果＝绩效。

　　将激励制度与绩效考评体系相结合，对于核心员工的激励来说十分必要。一是通过绩效考核可以对核心员工的功绩做出客观公正的评价。核心员工对企业做出的价值一般都远远高出普通员工对企业的贡献，通过绩效评价可以将其特殊的价值与贡献揭示出来；二是绩效考核的结果可以指导下一步的工作目标，引导努力方向，并对核心员工形成一定的约束力；三是由于核心员工的突出贡献，通过绩效考核结果的兑现，绩效优秀的核心员工可以领到丰厚的绩效奖金和令人羡慕的精神奖励，满足了多层次的需求。所以，针对企业核心员工的激励方式和激励水平首先应该与员工的绩效挂钩，把绩效考评的结果作为实施激励的依据。

（二）因人而异

对于核心员工的激励，不仅要与普通员工相区别，还要针对每位核心员工不同的需求进行满足。

首先，针对核心员工的激励应该与普通员工有所不同。根据马斯洛的需求层次理论，人的需求可分为生理需要、安全需要、社交需求、尊重需求和自我实现需求五类，依次由较低层次到较高层次。企业的核心员工一般处在企业的关键岗位上，职位较高。他们较企业的一般员工而言，更注重尊重的需求和自我实现的需求的满足，需要得到企业更多的认同与回报，同时也需要在事业上取得更大的进步。所以，针对核心员工的激励方法应该与普通员工加以区别，不仅要先像一般员工一样首先满足他们物质上的追求，还要在精神上面满足他们的需求，让他们有更多的机会展示自己，在更高程度上实现自己的价值。其次，对于企业中不同的核心员工，激励方式也应该有所区别。企业核心员工的绩效表现是不同的，在企业中发挥的作用是不同的，为了保证公平性，有必要根据企业核心员工的不同绩效水平来确定激励方式与激励力度。另外，企业核心员工的收入水平较高，他们的基本物质需要可以得到满足，由于他们在个性和价值观方面的差异导致他们的需求会呈现出多样化的特点，为保证激励的效果，应该针对他们的需求来制订不同的激励计划。

（三）风险共担

在对企业的核心员工进行激励的时候，必须结合风险共担的原则。企业的所有者与核心员工之间可能存在信息不对称现象，将会导致核心员工为了自身利益而采取一些机会主义行为，包括逆向选择和道德风险问题。如果企业所有者所采取的激励方法不当或者激励程度不够，都将可能使核心员工为了自身利益，做出一些不利于企业长期发展的行为。比如，企业的高层管理人员为了能够表现自己的业绩，可能在企业决策时选择风险较小、短期效益较好的方案，而放弃存在一定风险但有利于企业长期发展的方案；研发人员也可能因为知识劳动所获得的报酬过少，而将研发成果雪藏，不贡献给企业；而营销主管更可能因为激励不力而带着重要的客户资源转投竞争对手，这些后果都是十分严重的。所以，针对企业核心员工的激励，应该建立一种风险共担的机制，将核心员工与企业所有者的利益紧密地联系在一起，在两者之间建立起一种稳定而持久的关系。

（四）企业核心员工的薪酬激励有效方法

企业应当为核心员工提供丰厚的薪酬，与他们的突出贡献相匹配。除了基本工资之外，企业可采取多元的报酬结构，采用完善灵活的福利、风险抵押、员工持股、期权激励等多种形式，将核心员工的薪酬激励与他们的绩效相联系，注重有差别的激励原则，实现核心员工的利益与企业的长远发展相结合。

1. 基本工资

基本工资在薪酬激励中是最基本的环节，建立在绩效评估的基础之上。企业在做好职位描述和职责说明的基础上，通过科学的绩效评价和职位设立，结合客观可靠的市场薪酬行情，依据基本职责条件给薪。同时要健全完善以关键绩效指标（KPI）为核心的绩效管理体系，并通过 KPI 绩效管理系统科学设计和全面实施，实现对战略目标的有效传递和工作目标的层层分解与落实，实现个人薪酬与业绩相挂钩，价值越高、贡献越大、工作绩效越突出，获得薪资越高，回报也越大，绩效考核充分体现公平性和激励性。对于核心员工来说，这一部分的薪酬应高于同行的水平，有利于人才的留守。

2. 完善灵活的福利

福利可产生巨大的激励作用。上海贝尔有限公司的总裁谢贝尔曾说："深得人心的福利，比高薪更能有效地激励员工。"据悉，在调查一些高校毕业生的就业意向时，很多学生愿意去一些外资企业或是国有大型企业，良好的福利待遇便是非常重要的因素之一。企业应为核心员工实施年金计划，提供"金色降落伞"，建立企业危机和核心员工晚年时的福利保障机制，能解除他们的后顾之忧和提供安全保障。

企业还可根据自身状况，向核心员工提供多样化的福利项目，实施自助福利政策。具体办法是根据核心员工的服务年限、行政职务、资格职务和职称情况等因素计算出福利分值，按相应的福利标准自行选择享受的福利项目，如旅游、保险、教育基金和退休补贴等，以提高员工的满意度。不同的年龄层次、不同背景的核心员工对于福利的要求也是不同的。核心员工在更高的需求层次上面就呈现出更为明显的多样化。这就要求企业的福利设计体现人性化，在创新和细微上下工夫。

3. 结合多形式的薪酬激励

（1）风险抵押

风险抵押是指企业雇用的经营者交纳一定数量的风险抵押金或抵押资产，如果企业因经营不善发生亏损可以酌情罚没抵押金。运用风险抵押机制，可将核心员工的利益与企业发展结合起来，增强核心员工的归属感与使命感。

（2）股权激励

股权激励是现代公司制企业以公司股权为利益载体，借助于企业的价值追求与企业员工个人利益协调互动的模型，谋求极大地激励核心员工主动性和创造力的一种全新的激励方式，主要针对那些所担负巨大责任、突出贡献以及创造性智力投入的核心员工而设计，激励强度很大，其根本目的是使企业核心员工能够持有企业产权，达到"持恒产者，有恒心"的目的。股权激励模式主要有以下一些方式：业绩股票、股票增值、虚拟股票、管理层收购（即 MBO）和股票期权。

除此之外，还有业绩单位、延期支付、分红权等多种股权激励方式。这些方式都有效地激励了核心员工，满足其自我实现的需求，同时也保障了企业的发展。企业在应用的时候可根据企业内、外部环境条件，结合各种股权激励工具的作用机理，选择适合本企业的、有效的、对核心员工进行股权激励的方法。

总之，要在激烈的人才竞争胜出，企业必须反思自己的薪酬激励制度，及时顺应市场的变化与需求，学习国外先进的薪酬管理理念和模式，留住人才，永葆活力。

参考文献：

［1］石兆．企业核心员工激励机制构建研究［J］．商场现代化，2007（10）．

［2］邝先慧．基于知识联盟的员工创新激励［J］．集团经济研究，2007（7）

［3］褚秋芬．我国现代企业中核心人才流失的原因及对策研究［J］．科技情报开发与经济，2007（6）．

［4］王宓愚．核心员工的激励［J］．中国邮政．2007（4）．

［5］田艳芳.高层管理者长期激励问题研究［J］.人才资源开发，2007（3）.

［6］王进.边际雇员管理探究［J］.郑州航空工业管理学院学报：社会科学版，2007（1）.

［7］杨智.民营企业人力资源管理四大软肋［J］.中外食品，2006（12）.

［8］赵文芳，焦永纪.宽带薪酬在企业中的应用［J］.人力资源，2006（12）.

［9］洪雁，王贯中，李成标.宽带薪酬应用研究述评［J］.现代管理科学，2006（10）.

［10］赵静杰，史娜.企业核心员工的激励研究［J］.工业技术经济.2006（8）.

第三部分
服务外包企业金融

北京金融后台服务区的发展分析

韩 莉 傅巧灵

摘 要：北京正在建设四个金融后台服务区，良好的产业支撑环境、政策环境、人才储备是北京发展金融后台服务的有利条件，而高昂的人才成本和商务成本、专门人才培养不足、交通和大气环境不尽如人意等因素却制约着北京发展金融后台服务。为此，北京应扬长避短、合理定位，既要避免与国内其他城市同质化的竞争，又需合理规划四个金融后台的发展，避免重复建设，并且谋划好金融中心和配套金融后台的布局等问题。

关键词：北京金融后台服务区 区域经济

一、引言

所谓金融后台（backoffice）业务，是指与金融机构前台（frontoffice）业务相对分离，并为前台业务提供服务和支撑的功能模块和业务部门，如数据中心、清算中心、银行卡中心、研发中心、呼叫中心、灾备中心和培训中心等。

　　20世纪90年代以来，由于信息技术的进步，在金融业竞争加剧以及金融行业分工不断细化的背景下，国际上许多金融机构出于战略规划、成本控制、增强核心竞争力等方面的动机，逐渐将后台业务从前台业务中分离出去。这种分离主要采用两种形式：一是金融机构将其后台业务移至成本低廉地区，并且自建后台中心；二是金融机构将后台业务转移至成本低廉地区，并且将其交给专业的后台服务外包机构来完成。国际上金融后台业务大都是以服务外包的形式运行，如欧美许多金融机构将后台业务外包到印度地区，而目前中国本土金融机构的后台中心大多是以自建的形式完成。

　　随着我国信息技术的迅速发展和金融业的开放，国内金融机构也将前后台业务分离的工作提上了议事日程。为抓住国内外金融机构后台业务转移与外包的机遇，国内一些重要城市纷纷提出建设金融后台中心的目标，北京也不例外。2007年8月22日，北京市政府发布了《北京市人民政府关于加快首都金融后台服务支持体系建设的意见》（以下简称《意见》）。《意见》提出了加快首都金融后台服务支持体系建设的指导思想、基本原则，确定了四个重点规划建设的金融后台服务区。如今，六年过去了，四个金融后台地区基础设施建设已完成一部分，而且已吸引了部分金融机构入驻，但是总体来看企业入驻数量不甚理想。这不得不让人们思考北京发展金融后台服务的优势是什么，劣势在哪里，如何扬长避短、合理定位，既避免与国内其他城市同质化的竞争，又合理规划四个金融后台的发展，避免重复建设，如何谋划金融中心和配套金融后台的布局等问题。

二、北京四大金融后台服务区的发展现状

2008年，北京市委、市政府下发了《关于促进首都金融业发展的意见》。该意见对北京金融业发展的总体布局是"一主一副三新四后台"。"一主"就是以金融街作为首都金融产业发展的主中心，主要是发展总部金融。"一副"是以CBD作为金融发展的副中心，主要是发展国际金融。"三新"是以海淀中关村西区作为科技金融功能区，主要发展科技金融；以东二环交通商务区为承载，主要发展产业金融功能；以丽泽金融商务区为承载主要发展新兴金融功能。"四后台"是构造四个金融后台服务区，主要是海淀的稻香湖金融服务区、朝阳金盏金融服务区、通州新城金融服务区，还有西城德胜金融服务区。四个金融后台服务区的主要功能定位与招商情况如表1所示。金融后台服务区的建立，可以让金融机构的后台业务聚集在一起，形成规模经济效应和范围经济效应，实现信息共享和业务合作。

表1 金融服务区功能定位

后台名称	功能定位	主要招商情况
朝阳金盏金融服务区	为国际金融机构向亚太地区转移后台提供服务	入驻企业主要有：德意志银行、安邦财产保险股份有限公司、中信建设证券有限责任公司、民生人寿保险股份有限公司、德信控股集团有限公司、中国航空集团公司等七家

续表

后台名称	功能定位	主要招商情况
海淀稻香湖金融服务区	为中央金融监管部门及国内大型金融机构后台服务	入驻企业主要有：中国人民银行清算总中心、中国人民银行征信中心、中国证券业 IT 后台基地、中国人寿研发中心、中国银联北京信息中心、中国银行银行卡中心和信息中心、中国农业银行北方数据中心、国家开发银行总行金融后台、中国建设银行北京生产基地、阳光保险集团研发中心国际金融研修院、中国光大银行信用卡中心、中国工商银行北方数据中心等各类金融后台机构十几家。其成为金融后台机构最为密集的区域
通州新城金融服务区	为国内金融机构和国内外大型企业集团向新城转移后台服务	入驻企业主要有：泛华保险、北京威泰信息技术有限公司等
西城德胜科技园金融服务区	为金融街大型金融机构总部核心后台服务	入驻企业主要有：中国工商银行电子客服中心、华泰保险、新华保险、中钞集团四家机构

资料来源：根据北京市发改委网站、北京金融局网站、北京朝阳金盏金融服务园区网站等相关资料整理。

以上四个金融后台服务区，目前仍然都处于建设之中，由表1可以看出，除了海淀稻香湖金融服务区外，其他服务区的入驻企业都较少，并且没有彰显出最初设计的功能定位。

三、北京金融后台服务发展的优劣势分析

一个城市或地区能否成为金融后台，主要取决于以下一些因素：是否有政府在税收、人才培训、监管、知识产权保护等方面的有力支持，是否有充足合格的人力资源，是否有较低的人力成本和商务成本，是否有适度的产业聚集度，是否有良好的交通、通信设施以及舒适自然的生活环境。

（一）北京金融后台服务发展的有利条件

1. 金融业和信息技术产业发展迅速

金融后台服务是金融服务业与信息技术产业融合形成的高技术服务行业，而北京地区恰恰在金融服务业和信息技术产业方面具有很强的实力。2012 年，北京金融业实现增加值2592.5 亿元，同比增长 14.4%，占地区生产总值的比重为14.6%，是带动北京市经济增长和财政收入增长的第一支柱产业和龙头产业（数据源于北京市金融工作局网站，http://www. bjjrj. gov. cn/jrsj/index. html）。并且，北京作为世界城市，云集国内外金融机构的总部，法人金融机构数量全国第一，从而为金融后台服务的发展提供了巨大的市场需求主体。与此同时，北京市信息业和软件服务业的高水平发展为金融后台服务的发展提供了强大的技术支撑，2012 年北京市软件和信息服务业的总收入超过 4000 亿元。2009 年北京信

息化发展指数（IDI）为 0.911，高于上海信息化发展指数（上海为 0.852），介于 2008 年世界排名第 12 位的冰岛（0.913）和第 13 位的澳大利亚（0.908）之间（数据源于"十一五"时期中国信息化发展指数研究报告）。

2. 良好的政策支持环境

北京金融后台服务区的发展有良好的政策环境支持，如 2007 年北京市政府制定了《首都金融产业后台服务支持体系总体框架》，2008 年出台了《关于促进首都金融业发展的意见》，2009 年颁布了《关于促进本市服务外包产业发展的若干意见》等，除了设置配套的服务外包发展基金外，还在税收、人才引进与培训、企业扶持等方面出台了相应的激励措施。

3. 人才储备充足

北京拥有丰富的人力资源优势，有各类高等院校 89 所，每年培养大量的计算机、金融和外语方面的人才，拥有众多的研究机构和科研人员，同时吸引了大量海内外优秀毕业生留京工作。

（二）制约北京金融后台服务发展的因素

1. 人力成本和商务成本较高

金融业前后台分离和实施金融后台外包的动因之一是降低成本。北京地区的人力成本和房地产价格都位居全国前列。从北京市人力社保局和统计局发布的信息来看，2012 年北京市职工月平均工资 5223 元，而从上海市统计局发布的信息来看，2012 年上海市职工平均工资为 4692 元，同期天津为 3872 元。中原集团研究报告显示，2012 年北京甲级写字楼年内租金累计上涨 21%，领跑一线城市；同时空置率为 3.46%，为全国最低。高昂的人力成本和办公楼租金成本，使得一些金融机构更愿意将后台设立在成本较低的二线城市或三线城市。例如：交通银行总行将金融后台处理中心设在南宁，招商银行将信用卡中心、电话银行中心、会计后台、企业年金、数据中心等后台服务中心落户于成都，工商银行的后台中心则在石家庄、成都、合肥等城市。

2. 金融后台服务定位不清晰

目前，国内金融机构的后台大多选择自建并且主要在国内二、三线城市展开，那么北京的金融后台到底服务于谁？这是一个值得思考的问题。从北京市的规划来看，既有对国内金融机构的后台服务，又有对国际金融机构的后台服务；就国内市场而言，既有对中央金融监管部门和国内大型金融机构总部的后台服务，又有对国内一般金融机构的后台服务；从经济学的角度来看，这种规划是一种行政力量，而这些针对不同主体的金融后台服务能否发展壮大起来，还是由市场的需求力量决定的。

3. 专门人才培养不足

金融后台及其外包人才是一种"IT 技能 + 金融知识"的复合型人才。在离岸金融后台外包中，人才需具备"IT 技能 + 金融知识 + 外语技能"的特征。从人才层次来看，中高端人才需具备"IT技能＋金融知识＋外语技能＋管理技能"的特征。

从人力资源来看，虽然北京高校众多、人才充足，但是既懂金融业务又有IT技术背景和较强外语应用能力的复合型人才极其短缺。专门开设相关专业，培养熟悉国内外金融机构后台业务运行体系，具备金融后台业务的运营规划、客户服务、数据处理和业务拓展能力，能够熟练使用英语进行交流，面向金融服务外包产业领域的高素质人才的院校相当少。目前在北京，仅有对外经济贸易大学信息学院2008年在硕士研究生层面设置了金融学（金融服务外包）专业，其专业定位是培养具有国际视野，有较好的外语应用能力，能在金融机构后台从事后台服务规划、运营与管理的高级专门人才。可见，在金融后台及其外包领域，人才的有效供给远远赶不上需求。

4. 交通和大气环境不尽如人意

金融后台及其外包产业本身是一种绿色产业，而金融机构或外包提供商，尤其是国际金融机构和服务外包企业在选择后台地区时一般都很注重交通是否便利、生活环境是否宜人等因素。21世纪以来，随着经济的发展，北京的城市规模迅速扩张，市内交通和生活环境出现不尽如人意的地方，交通比较拥堵，空气污染较为严重。这不利于吸引优质金融机构或服务外包企业落户北京。印度的"硅谷"——班加罗尔（Bangalore）在吸引跨国金融机构和提供高质量金融离岸外包服务方面取得了举世瞩目的成就，其优越的自然和生活环境是吸引大量高科技人才的重要原因之一。

四、北京发展金融后台服务的对策

（一）差异化定位，扬长避短

1. 找准定位，避免与国内其他城市同质化竞争

鉴于北京市的人力资源、生活费用和商务活动等方面的成本较高，因此，北京在建设金融后台服务区的过程中，应避免与其他城市同质化竞争，而应充分结合自身地区特点，找好定位，走差异化、特色化道路。

首先，北京金融后台服务区应注重吸引外资金融机构后台机构及其相关服务外包企业落户，即注重满足国际需求部分，并且鼓励本土金融外包服务商做大做强，承接更多的离岸业务，把北京建设成为"世界办公室"。因为在国内需求方面，我国本土金融机构前后台业务的分离仍处于初期阶段，并且分离出来的后台中心大部分是金融机构自建，只有部分采取外包的形式，这些本土金融机构一般愿意把后台中心建在国内成本更低的地区。

其次，鉴于国内金融机构后台业务外包的需求释放不够和服务外包管理能力普遍相对薄弱，引入专业化的咨询、监理公司对后台业务外包进行全过程设计、咨询、管理、评估是各本土金融机构的迫切需求。对此，北京应把金融后台服务外包咨询、监理等高端外包业务作为发展重点，给予政策扶持。

2. 市内四个金融后台服务区要统筹规划，避免重复建设

从北京四个后台服务区招商的情况来看，各自的定位还不甚清晰。另外，北京是否同时需要四个金融后台基地，这是一个值得商榷的问题。上海在这方面的经验可以借鉴，目前上海已形成了两大布局，即以陆家嘴为前台、以张江为后台的金融布局，形成了以上海为金融中心、以昆山为配套金融后台的布局。或许，北京也可以考虑建设类似的布局，如将天津作为北京国际金融中心的配套金融后台基地，而四个后台基地需要统筹规划，必要时可以进行整合，避免重复建设。

（二）大力培养专门人才

北京高校要顺应产业发展需求，整合或改革与服务外包相关的专业，如软件专业、信息技术与计算机专业、电子商务专业、金融专业等，在充分了解市场对金融后台及其外包人才需求的基础上，通过设置专门的金融服务外包专业，或双学位制，或辅修制（如计算机专业辅修金融专业、金融专业辅修计算机专业），或通过在金融学专业的课程体系中嵌入服务外包类的课程模块等多种形式，实现专业人才培养与市场需求的高度对接。

（三）改善北京生活和自然环境

尤其要注重改善北京的空气质量。除了中心城区"无煤化"、淘汰老旧机动车、推广新能源等常规举措以外，还要优化产业布局的顶层设计，注意靠区域联动加强协同治理等。

参考文献：

　　[1] 花桥金融外包研究中心. 中国金融业服务外包报告 [M]. 北京：中信出版社，2009.

　　[2] 张晓莹. 北京市金融后台服务体系研究 [D]. 北京工商大学，2007.

　　[3] 张淼淼. 北京金融后台服务区建设发展现状与对策分析 [J]. 时代金融，2010 (4).

　　[4] 薛彤. 北京发展金融服务外包业务的条件与政策建议 [J]. 特区经济，2010 (8).

　　[5] 张丽拉，张子昱. 我国金融业前后台业务分离问题研究 [J]. 经济纵横，2011 (9).

　　[6] 王力. 金融产业前后台业务分离的新趋势研究 [J]. 财贸经济，2007 (7).

　　[7] 韩莉，傅巧灵. 我国金融服务外包人才培养渠道分析 [J]. 时代金融，2012 (2).

科技型中小企业投融资服务平台建设研究

刘玲玲　　陶秋燕

摘　要：该文通过分析科技型中小企业投融资现状及存在的主要问题，结合投融资服务平台建设过程中取得的经验与存在的不足，提出从政府管理、企业自身管理、平台建设基本保障三个层面进一步促进科技型中小企业投融资平台建设发展的相关建议。

关键词：科技型中小企业　投融资服务　服务平台

一、引言

中小企业占我国企业总数的90%以上，在创造大量社会财富的同时，也提供了众多的就业机会。据统计，我国66%的专利发明和82%的新产品开发都来自中小企业。科技型中小企业具有较强的科技研发能力，技术性强，有良好的成长潜力等特点，是中小企业中的优秀代表。可以说，科技型中小企业是我国技术创新的主要载体和经济增长的重要推动力量，在促进科技成果转化和产业化、以创新带动就业、建设创新型国家中发挥着重要作用。

尽管科技型中小企业日益成为我国国民经济的中流砥柱，但由于其需要的科研资金巨大，科技成果转化为产品的费用庞大，资金供应难以满足资金需求的状况长期存在，融资难已经成为制约其发展的重要瓶颈。科技型中小企业在近年发展中出现了研发投入、赢利能力和创业资本弱化的趋势。在我国深化改革、加快科技型中小企业发展的过程中，影响和制约科技型中小企业发展的问题仍然很多，尤为突出的是融资困难。科技型中小企业长期受到资金抑制的困扰，影响了创新成果的研发和产业化。科技型中小企业投融资难的问题已成为制约科技型中小企业发展的瓶颈。

为寻找解决科技型中小企业融资难问题的路径，学者针对该问题进行了一系列的研究，主要在于以下几个方面。（1）科技型中小企业的融资机理和模式。叶山梅、陈玉荣等基于生命周期视角分析了科技型中小企业分阶段的融资模式。张文春、肖侠等分析了基于知识产权介质的科技型中小企业融资机理。（2）科技型中小企业融资难现状及原因。李永宁等深入分析了我国科技型中小企业融资难现状以及融资困境产生的原因。李莉等认为，导致科技型中小企业融资难的原因，包括科技型中小企业自身问题和外部环境缺陷两个方面。（3）融资难解决对策。蔡幸等、苏植权等以部分省市（包括广西、广东、上海、宁波）为试点探讨了解决科技型中小企业融资难问题的对策。

研究科技型中小企业融资问题，构建能够有效改善其融资困境的融资服务平台，对于支持和引导其实现跨越式发展，贯彻落实政府支持科技型中小企业政策，有序实施国家科技金融战略具有重要意义。

二、科技型中小企业融资难问题原因分析

（一）融资渠道单一窄小

目前我国科技型中小企业融资有如下几条渠道：第一，政府立项。指国家、省市各级政府不同部门通过科技立项的形式支持科技型中小企业，政府立项通常以无偿资助的形式，特别是科技部与地方联动的科技型中小企业创新基金，将企业技术成果的产业化作为支持重点，受益的大多数是创业初期的企业。第二，贷款担保。在商业运作范畴内，企业利用银行贷款是融资成本较低的一种方式，但是科技型中小企业难以获得贷款是各地区普遍存在的问题。为了解决此问题，许多高新区都以政府为主成立了贷款担保公司，为科技型中小企业提供贷款担保业务。第三，股权投资。

目前中小企业间接融资严重依靠银行贷款，直接融资不发达，主要原因是证券市场准入标准高、创业投资及退出体制不健全以及公司债券发行的市场准入障碍，中小企业很难通过资本市场这一渠道公开筹集发展所需资本。虽然中小企业板已经建立，但能符合上市条件的中小企业只有极少数。

（二）企业资信度较差

我国中小企业整体管理水平落后，中小企业财务制度不

规范，普遍存在财务核算不真实的情况，增加了银行或者投资方的风险，又因其缺乏信用记录，致使中小企业很少或者不能获得信用贷款，贷款的方式只能采取抵押或者担保的形式。因此，我国中小企业贷款难主要表现为抵押难和担保难。

（三） 有效担保和抵押物匮乏

中小企业由于自身限制，缺乏银行认可的优质抵押物，如房屋、土地等不动产，而中小企业拥有的设备往往是专有设备，缺乏活跃的交易市场，因此不能被银行作为抵押物，即使可以作为抵押物，银行也通常会因为规避风险而对设备估值很低，难以得到足额的贷款。

（四） 缺少专门为中小企业服务的政策及商业金融机构

目前，国有商业银行在国家引导下为中小企业提供服务的力度在逐渐增大，但与中小企业对融资服务的需求相比仍有较大差距。

（五） 融资政策和环境不健全

在我国目前的金融组织体系中，缺乏专门为中小企业融资服务的政策性银行，虽然我国已有遍及城乡的中小商业银行，但由于他们没有得到政策性融资权，自身问题尚未解决，无法满足中小企业的贷款需求。另外，由于政策上的某些因素，如利率政策的不足、税收政策没有相应支持、法律政策体系不健全等也限制了其对中小企业的贷款。

三、科技型中小企业投融资服务平台建设的思考

推动科技型中小企业的发展，必须打通科技型中小企业融资瓶颈，完善科技型中小企业投融资体系，构建有效的投融资平台，使其能获得发展所需要的充足资本。

（一）政府管理层面

1．优化投资创业政策环境

进一步改变传统的"政府主导型"融资方式，用世界经济一体化的观念及思维方式去进行市场化的投融资机制的建设，真正把政府财政从狭隘的小生产圈子中抽出来，从竞争市场中退出，重视基础设施、公益性服务设施和关系到国家安全和必须由政府建设的事业，给民营经济让出一部分空间，引领民营经济扩大投融资范围，促进民营经济发展。

实现以市场为主导的投融资模式，并不是否定政府在其中发挥的重大作用，相反是要充分发挥政府的引导作用，促进科技型中小企业的发展，进一步明确市场经济条件下政府的投融资职能。对民营企业愿意和有能力投资经营的领域，政府应尽快退出来；对于民营企业目前无力投资的领域，政府应考虑通过价格、税收、财政补贴等手段，促进民营企业投资，也可考虑通过参股等方式促进民营企业投资，最后才是政府直接投资。

2. 发展和完善科技中介服务体系

中介机构的产生和发展是市场经济的重要组成部分，科技中介机构也是如此。即使是在发达的市场经济国家，科技中介机构的发展，也常常需要政府在政策等多方面给予支持。在我国社会主义市场经济条件下，政府支持科技中介机构发展的根本出发点就是提高科技创新的运行效率和效益，坚持以发展为主题，调动和支持各方面力量积极探索，大胆实践，特别是要调动科技界和经济界的积极性，投入科技中介机构发展和服务体系建设，努力创造良好的环境和条件。同时，在不断积累实践经验的基础上，应当对科技中介活动逐步加以规范，通过政策制度的制定和完善，以及充分发挥行业协会的自律作用等，使科技中介机构走上良性循环的发展轨道。

3. 拓宽多元融资渠道

可政府牵头，组建资金互助会，为会员贷款提供担保。实行会员制管理的形式，属于公共服务性、行业自律性、自身非盈利性组织。有条件的一些企业可以鼓励其组建一个"资本联盟"，共同投资风险项目，风险共担，利益共享，根据投资的比例获得相应的收入。组建"企业—高校"联盟，吸收一些专业性很强的专家来评价科研成果的真实应用价值，从大专院校、科研单位每年的新成果中挑选一些有市场前景的，推荐给企业。

在现有政府投入建立的科技担保公司和中小企业担保公司等担保机构基础上，鼓励企业出资加盟，组建股权多元化合作互利的中小企业信用担保公司。凡加盟的企业，在向银行贷款时可优先享受公司担保的权利，担保公司除为加盟企业提供贷款担保之外，还要对所担保的贷款实行风险控制，企业则可采取"应收款权利"质押、仓单和提货质押、商标专用权和专利权质押等方式提供反担保，降低担保公司的担保风险。

（二）企业自身管理层面

1. 完善资金决策管理

科技型中小企业要不断进行自我完善，实现内部资金的良性循环，建立和完善现代企业制度，将改革、改组、改造同加强管理结合起来，转换经营机制和管理模式，提高管理人员素质，加强经济核算，不断提高经济效益，保持良好的资本结构。

健全科技型中小企业的治理结构，提高中小企业自身素质，强化企业内部资金、人员等方面的管理能力。我国科技型中小企业改制效果不明显，运行不规范。企业治理结构不健全导致普遍存在财务制度不健全、财务报告真实性较低、银行利益难以保障的现象。中小企业应大力推进现代企业制度改革，坚持多种形式放开搞活，加大结构调整力度，建立现代企业治理结构，注重科技管理一体化和质量内涵型发展，建立起适应市场经济并与大企业配套服务的管理模式，在专业化合作与社会化竞争中不断提高素质和效益，增强自身的综合竞争能力和内部融资的动力，这是解决中小企业贷款难的根本途径。

2. 引入风险投资

风险投资和新型资本市场独特的资本性融资，既可以满足这些科技型中小企业的直接融资需求，又可以达到风险共担、收益共享的目标。这一点已经被世界各国风险投资的实践和新型资本市场的发展所证实。

科技型中小企业可通过参加有关会议，利用中介机构介绍、互联网等方式，主动使风险投资公司了解自己，通过风险投资这一孵化器发展壮大。面对投资的高风险，风险投资公司对项目的筛选是极其严格的，有着一系列的考察程序和市场可行性调查。科技型中小企业要引入风险投资，要拥有科技含量高、具有良好市场前景的科技项目，具有技术创新的潜力，以后能依靠技术或产品优势自主发展。

（三）投融资服务平台建设的基本保障

1. 健全中小企业法律法规

在立法方面，应该在遵循国家整体政策要求的前提下，改变只有一部《中小企业促进法》能够相对全面支持科技型中小企业的现状，制定出更多适用于科技型中小企业的相关政策和法律，以立法的形式明确鼓励和扶持科技型中小企业的发展。在执法方面，政府应该创造更良好的执法环境，严厉打击不遵守法律法规规定的行为。

2. 构建信用信息共享平台

以互联网为联动发布平台，通过整合政府、投资公司、银行、担保机构和工商税务等部门所拥有的关于科技型中小企业的信用信息资源，构建信用信息共享平台，为产业园区内的科技型中小企业提供信用管理培训服务，为投资公司与银行在向科技型中小企业提供贷款时提供重要的信用信息来源，实现科技型中小企业与外界投资者之间良好的信息传递、沟通与共享，尽可能缓解信息不对称问题。

四、结论

本文认为，必须同时关注政府、金融机构以及科技型中小企业在投融资服务平台建设中的重要作用。从政府层面，应进一步优化投融资服务平台政策环境，从科技型中小企业自身层面应加强企业内部治理，强化资金决策管理。此外，通过健全法律法规、构建信用信息共享平台为投融资服务平台建设提供基本保障。

参考文献：

[1] 陈云. 关于科技型中小企业融资难问题的探讨[J]. 会计之友，2010（6）：71 – 73.

[2] 叶山梅. 科技型中小企业的成长周期及其融资策略[J]. 中国管理信息化：会计版，2007，10（10）：63 – 65.

[3] 陈玉荣. 科技型中小企业各生命周期阶段的特点及融资策略 [J]. 科技进步与对策，2010，27（14）：91 – 93.

[4] 张文春. 基于知识产权介质的科技型中小企业专利产业化融资的机理分析 [J]. 财会通讯，2011，（10）：129 – 131.

［5］肖侠．科技型中小企业知识产权质押融资管理对策研究［J］．科学管理研究，2011，29（5）：116－120．

［6］李永宁．科技型中小企业融资缺陷的根源及化解途径［J］．经济纵横，2009（3）：98－100．

［7］李莉，关宇航，顾春霞．科技型中小企业融资平台建设——基于"玻璃门"和"弹簧门"问题的对策探讨［J］．中国流通经济，2013（11）：84－89．

［8］蔡幸，刘金林．基于差异性分析的广西科技型中小企业融资制约因素研究［J］．特区经济，2007（11）：203－205．

［9］苏植权，方秀文．广东科技型中小企业融资存在的问题、成因及对策研究［J］．科技管理研究，2007（5）：67－77．

我国保险业服务外包的发展现状、问题与对策分析

韩　莉　高　实

　　摘　要： 我国保险业的服务外包以在岸外包为主，发包内容主要集中在 IT 服务、理赔勘查业务、营销业务、资产管理业务以及一些低端业务流程等方面。目前，我国保险业服务外包的发展存在诸多问题，保险公司在外包风险的识别与控制方面经验不足，缺乏金融服务外包的相关法律法规，保险服务外包人才短缺，保险外包提供商在高端业务领域的专业技能不足等。为此，需采取相应的措施，促进我国保险业服务外包的发展。

　　关键词： 保险业服务外包　信息技术外包　业务流程外包

一、引言

　　保险服务外包是指保险公司把 IT 信息技术服务、业务流程服务、营销业务、资产管理业务、精算、产品研发与分析

等非核心业务甚至部分核心业务，以合同形式发包给专业的服务提供商，以提高核心业务的竞争力，降低企业成本，分散经营风险。保险业是金融业的重要行业之一，也是金融服务外包的重要行业之一。

二、我国保险业服务外包的发展现状

随着我国保险业的迅速发展，国内许多保险机构产生了对外包的需求，相应地，国内承接在岸保险外包的外包提供商逐渐发展壮大起来，发包和承包的业务主要集中在信息技术、理赔勘查、营销、资产管理、保单打印、数据录入等业务，尚未涉及精算、产品研发与分析等高端业务。而我国承接海外保险公司的离岸外包尚处于萌芽状态。

（一）信息技术外包发展势头良好

2003 年，我国的信息技术外包市场规模是 42.6 亿元，虽然保险业的外包正处于萌发阶段，但是保险业 IT 外包规模达 5.7 亿元，占比 13.4%。随着国内保险业的发展壮大，越来越多的保险公司将信息技术外包出去。比如太平洋保险公司和天安保险公司将业务管理系统的开发工作外包给 CSC 公司；丰泰保险公司和首创安泰保险公司将灾难恢复及 IT 咨询的外包交给万国数据服务有限公司；光大永明保险公司将 IT 运维外包给神州数码公司。

（二）理赔勘查外包业务有一定的发展

理赔是保险公司风险控制非常重要的一环，为减少信息不对称，实现理赔的公正、公开，我国已有不少保险公司将理赔业务或将理赔的部分环节外包出去。现在保险公司（尤其是财险公司）一般将理赔工作的全部或者有选择性地交给保险公估公司。比如：太平洋保险福建分公司将车险查勘的业务外包给深圳民太安汽车保险公司福州分公司，从而达到提升查勘率、降低赔款、提高服务质量的目的；户意人寿、中国海康、大地保险公司还与德宇软件科技有限公司签订了全国理赔和险种分析外包协议，在合作期间有效地降低了运营成本，摆脱了在烦琐业务上花费的时间，降低了理赔周期，提高了准确率；泰康把养老跨区域保单理赔的外包发给了华道数据。

（三）保险营销业务外包急剧发展

目前，我国许多保险公司将营销业务外包给银行或邮政机构，如建设银行与新华保险公司、太平洋人寿保险的合作，浦发银行、工商银行与百年人寿的合作。我国银保合作起步较晚但发展迅速。来自保监会的统计数据显示，2010年上半年全国人身险保费收入5980.71亿元，其中来自银保渠道（含邮政）的保费为2599.09亿元，占比43%。虽然银监会对于银保方面的监管和限定越来越严格，但是如果正确认识到监管部门提出的风险，提高服务质量，银保这个领域还是可以蓬勃发展的。因为银保在销售上有很大的优势，售前以银行服务为主，可以有效地做好客户的筛选和宣传工作；在售中，有专业的理财经理或者银保专员进行销售，对客户传达正确的保险理念；售后可以做到银行牵头，保险公司配合，加强了客户对于保险产品的可信度。

同时，电话营销、网络营销日益兴起，更多的保险公司为了节省人力、物力将这类销售手段交给外包公司。比如太平洋人寿保险公司、泰康人寿保险公司、新华人寿保险公司等与赛迪通呼叫中心签约，将电话营销业务外包给赛迪通呼叫中心，北京赛源科技公司为太平洋人寿保险公司、中英人寿保险公司、美国大都会等提供电话营销外包服务。

（四）资产管理业务外包日益兴盛

我国恢复保险业后，保险公司的投资可以划分为四个阶段。最开始是无投资阶段，这个时期许多保险公司刚刚起步，其资金大多数只是存入银行；随着保险业的发展壮大，保险公司的资产运用有了自己的方向，但是由于专业原因造成了无序的投资、盲目的投资，这时形成的不良资产也比较多。到了 1995 年，随着监管部门的关注和政府的扶持，保险机构可以进行同业拆借和购买央企债券等投资项目。后来，随着保险公司业务的发展，更多的保险机构先后设立了资产管理公司，以代理本公司的资金运用业务。2006 年开始，我国保监会允许符合条件的保险资产管理公司托管第三方资金，因此国内许多尚不具备设立资产管理公司条件的中小型保险公司，将保险资金运用业务外包给专业的资产管理公司。中国人寿、中国平安等大型保险公司将自身的外币资产管理外包给国际大银行进行运作。同时，海外保险资金也开始委托中资保险资产管理公司进行运作，如澳洲最大的保险集团 AMP，将部分非保险类资金外包给中国人寿资产管理公司代为运作。

（五）保单打印、人力资源、数据录入等低端业务流程外包发展稳健

当前保险公司对于打印保单的时效、质量都有很高的要求，而选择外包公司承担这份业务让保险公司省力不少。如实达外设与平安保险公司的合作，通过将保单/账单打印业务外包给接包方可以省去许多人力以及设备的管理费用，而外包按件计费有利于公司运营成本的核算。

另外，许多保险公司也将人力资源管理外包给专业公司。一般情况下，人力资源外包多出现在内勤部门，比如中国人民财险马鞍山分公司就与当地的人才部门开展了外包项目。这样做可以有效地帮助企业降低人力支出，提高人力管理效率。

数据录入是保险公司比较厌烦的环节，以太平洋人寿保险公司为例，在外包这项业务之前如果保单数量突然上涨，分支机构需要4~5天才能完成，而将新契约数据录入外包给华道数据后，公司仅需要做初步的扫描就可以通过网络传送到华道数据，反馈时间比原来要快很多，这极大地提升了新保单录入速度而且还降低了人力成本。

三、我国保险业服务外包发展存在的问题

（一）保险公司在外包风险的识别与控制方面经验不足

以保险服务外包巴塞尔银行监管委员会为主导出台的《金融服务外包文件》中指出了金融服务外包项目存在的几项主要风险。

保险公司的大部分业务档案都涉及商业秘密、客户信息等敏感信息，如果承包方在管理的安全方面不能有效确保，这些信息泄露出去则会给保险公司造成严重的损害。将业务发放给外包公司后，不易做到实时监管，这就是潜在的风险。现在国内的外包公司良莠不齐，有些保险公司在选择外包公司时无法做出正确的判断。而且在合同签订后，有的保险公司觉得这个项目已经与自己没有关系，却不知在合同履行期间若不监督承包方的行为，很可能发生难以挽回的损失。

（二）缺乏金融服务外包的相关法律法规

缺乏法律法规的指引是金融服务外包中一个不可忽视的问题，中国银行业协会负责人曾指出，金融服务外包的发展需要社会各方加大合作力度，尽快制定、完善相关法律和监管制度，要着重建立并完善金融外包服务商的资格审查和信用评级制度，建立完善有效的外包监管制度，这样才能为金融业务外包创造良好的法律环境和制度保障。而我国监管部

门目前仅仅是发布了有关银行方面服务外包的法规，还尚未出台有关保险业服务外包的法律法规。没有足够的法律法规作为依据，会使金融服务外包市场处于混乱状态，金融机构无法在市场中安心寻求外包机会。

（三）保险服务外包人才短缺

金融服务外包人才是一种复合型人才，要求具备 IT 技能、金融知识、外语技能、管理技能等多种专业技能，并且需具备多种综合素质。就保险行业来讲，既懂保险业务又有 IT 技术背景和较强外语应用能力的复合型人才极其短缺。据统计，全国服务外包企业的职位缺口每年差不多是 20 万个。2008 年 8 月底，全国 1800 多家服务外包企业从业人员仅 33 万人左右。而反观印度，从 1998 年的 19 万外包从业人员已发展到目前的 160 万人。

就算是"量"达到了需求，但是"质"这个要点依旧不能被忽视。我国许多高等院校的 IT 专业过于注重基础理论的讲授，忽视了技能培训等与工作直接联系的环节，从而造成大学毕业生与企业需求相差较大，只能进行二次培养。同时，外语水平的制约也是一个严重的限制因素。金融服务外包不仅需要阅读外国资料，还需要与外国技术人员进行沟通。而我国的英语教学主要是侧重考试，会话能力严重缺乏，对外国文化的了解也不是很全面。而印度外包方面的成功很大程度上得益于其英语方面的优势。

（四）我国保险外包提供商在高端业务领域的专业技能不足

我国保险服务外包提供商以承接保险公司信息技术外包为主，以业务流程外包为辅，承接的外包层次较低。而一些高端业务外包，比如精算业务、产品研发与分析等，只能在海外寻找国际知名的精算行或外包商进行外包，并不是我们国内不想做，而是有些迫不得已，目前我国开设保险精算专业的学校较少，能拿到技能证书的学生也不是很多。

四、我国保险业服务外包发展的对策

（一）加强保险业对于外包风险的识别与控制

第一，保险公司应根据自身经营的水平、核心产品与市场来决定适合自身的外包业务，即公司一定要提前考虑哪些是需要外包的，哪些是一定要自己完成的。第二，要选择合格的外包承接商，应对外包服务商进行严格的审核，结合业务的需求来做出科学合理的测评，并且重视外包公司的经验与信誉。第三，外包合同要尽量全面而翔实，如最低标准、支付要求、合同可否分包、资料保密性和解决纠纷制度等内容。第四，在外包商提供服务的过程中，保险机构应该对外包商进行持续的风险评估，根据运营情况来分析外包商的自身财务和管理是否还有能力进行外包工作。在合同履行的期间还要进行即时监控，一旦发现偏离目标的情况可以及时地做出调整和制止。第五，需要建立紧急处理机制，在发生问题后，按照实现设计好的思路尽可能地降低公司损失。

（二）完善金融服务外包方面的法律制度和监管制度

目前，我国还没有系统的针对金融服务外包的法律法规，为此我们可以借鉴巴塞尔委员会制定的《金融服务外包文件》以及欧美印先进的服务外包管理措施，来建立和完善我国金融服务外包方面的法律制度和监管制度。首先，保险机构与外包公司应严格遵守有关国家秘密、商业秘密，还有个人数据保护的法律法规。其次，需规定保险机构在披露客户个人隐私时应及时告知客户并且争得客户同意。再次，规范保险机构与外包商的关系，应明确规定外包商不能借保险机构之名从事业务活动。最后，保监会可以根据各保险公司办理的外包进行记录并且稽核，对不正当、不合规的行为做出纠正或制裁。在稽查保险公司的同时也不能忘了对外包公司的监管（财务和人力变化等）。

（三）加强保险服务外包人才的培养

对于保险服务外包人才的培养应注重高校培养、企业培训和社会培训相结合。

首先，各大院校应该加强对金融服务外包人才的培养。如设立专门的专业或实行双学位制，如信息专业的学生可辅修金融专业，金融专业的学生可辅修信息专业等。在课程设置方面，一定要理论联系实际，如有关计算机的课程，可以删减理论部分，增加数据处理、编码等技能课程，让学生在学习过程中积累准工作经验。在英语方面，改变传统教学方式，加强听说教育的同时要让学生了解外国文化。

其次，企业在吸收人力资源后应该进行合理的培养，加强人力资源的管理。按照服务外包人才素质需求划分保险公司内部人才梯度（高端人才、管理技术人才、基础人才）。按照三类人才不同的能力要求采取有针对性的入岗培训。为了加快人才培养，企业还可以采取"送出去"策略，将培养目标放置在国际外包市场，亲身体验国外先进的外包项目谈判、接单流程，造就真正的国际化人才。

最后，就是社会培训，可以利用政策鼓励企业或培训机构向社会提供讲师。这样就可以让学生或就业者在学校、单独培训机构等地方学习到真正的专业知识。

（四）提升我国保险外包提供商的专业技能

国内金融服务外包提供商应注重学习国外先进经验，加强与亚太地区的离岸外包交流、合作。在扩大中低端业务规模的同时，应密切关注国际上外包服务的发展状态，在国内加强自身的技术开发与储备。保险精算、产品开发、研究与分析等KPO服务通常涉及财务、资产等企业的机密信息，对于知识产权、金融监管以及人才供给等方面要求更高，需要政府、监管机构、教育等部门的通力合作。

参考文献：

[1] 杨琳，王佳佳．金融服务外包：国际趋势与中国选择 [M]．北京：人民出版社，2008.

[2] 方国斌，程丽彬．金融保险集团财务集中研究——基于服务外包视角 [A]．保险研究，2009（6）.

[3] 王伟，朱海涛．保险业业务外包现状及风险分析 [J]．商品与质量，2011，4.

[4] 赵国辉．保险业务外包问题研究 [J]．中国保险，2008，9.

[5] 夏侯建兵，计国军．中国保险企业的信息技术外包策略选择及风险分析 [J]．技术经济，2010，10.

第四部分

服务外包企业电子商务

服务类企业在电子商务下的供应链管理

刘　姗　陈　琳

摘　要：在信息技术高速发展的今天，供应链管理成为时代的象征，带来了更新的管理理念和重新规划、设计及优化业务流程的途径。现今的竞争不再是企业与企业之间的竞争，而越来越多地成为供应链与供应链之间的竞争。随着电子商务的发展，供应链管理得到了先进的技术支持，业务流程和思想上的优化。对于服务业企业而言，为消费者创造尽可能高的价值，是企业取得成功的关键。供应链管理的思想和方法，对于服务业企业的成功同样重要。

关键词：服务业企业　电子商务　供应链管理

一、供应链管理产生背景及概念

任何一种新的管理模式，它的产生、发展直到广泛应用，都有其现实背景，供应链管理也不例外。供应链管理是在全球制造出现以后，在企业经营全球化和国际化的趋势下形成的。供应链管理的形成需要一定的基础条件和一定的环境因素。首先，纵向一体化的传统管理模式越来越不能适应企业的发展。其"小而全，大而全"的经营思维使企业需要承担巨大的投资负担，巨额资金用于投资也增加了企业经营风险；将有限资源用于企业不擅长的业务不能凸显企业的核心竞争力；面对复杂快速的环境变化，庞大的组织无法做出敏捷的响应。其次，经营环境的动态变化和不确定性使企业面临多重挑战。长期以来，市场供不应求，企业面临的环境相对稳定，企业各部门之间、各个组织之间的协调相对简单。进入 21 世纪以来，信息技术的发展推动了买方市场的形成，企业面临更多的不确定性需求和经营风险。采购、生产、销售各自为节，相互脱离。企业与供应商信息不挂钩，产生一系列问题。在这样的现实背景下，以物流、信息流、资金流等价值链为思想的供应链管理被提出并应用于企业管理中。

所谓供应链管理就是基于最终客户需求，对围绕提供某种共同产品或服务的相关企业的信息资源，依靠基于因特网技术的软件产品为工具进行管理，从而实现整个渠道商业流程优化的一个平台。从广义上讲，它描述了贯穿整个价值链的信息流、物流和资金流流动过程。从狭义上讲，它是指在一个组织内集成不同功能领域的物流，加强从直接战略供应商通过生产制造商与分销商到最终消费者的联系，通过利用直接战略供应商的能力与技术，尤其是供应商在产品设计阶段的早期参与，成为提高生产制造商效率和竞争力的有效手段。通俗地说，供应链管理的实质是深入整个供应链的增值环节，将顾客所需的正确的产品（Right Product）能够在正确的时间（Right Time），按照正确的数量（Right Quantity）、正确的质量（Right Quality）和正确的状态（Right Status）送到正确的地点（Right Place），即"6R"，并使总成本最小化。

二、服务业企业在电子商务下供应链管理的重点

电子商务是指在全球各地广泛的商业贸易活动中，在因特网开放的网络环境下，基于浏览器/服务器应用方式，买卖双方不谋面地进行各种商贸活动，实现消费者的网上购物、商户之间的网上交易和在线电子支付以及各种商务活动、交易活动、金融活动和相关的综合服务活动的一种新型商业运营模式。电子商务和供应链管理是当今商贸活动中的两大主流发展趋势。它们不是截然分离的，相反，在供应链管理中越来越依靠电子商务的支持。对于服务业企业而言，其经营首先是接收最终顾客的服务订单，即服务需求，再对顾客发出的需求进行分析与评估，制订服务解决方案，之后对自身及服务供应商的服务资源和服务能力等要素进行综合管理，借助供应商为顾客提供全面的、集成的服务解决方案。在这一价值链和信息链过程中，要做好供应链管理，主要有以下几点。

（一）服务的易获取性

服务供应链的关键问题在于服务传递系统的管理，因

此，服务传递系统的协同运作程度直接关系到服务供应链协同运作问题的实现，并直接影响整个服务供应链对不断变化的市场需求的响应速度和满足程度。此外，服务传递系统的传递方式也是影响服务供应链协同运作的关键因素。一般而言，顾客和服务类企业交互的方式分为顾客到服务交易场所、服务业企业上门服务和顾客与服务器企业进行远程交易。随着科学技术的不断发展，服务传递系统的具体传递方式愈加多样化，如何根据服务系统的能力、服务产品的特点，以及顾客的需求喜好，选择合适合理的传递方式，将对顾客满意度产生重要影响。因此，如何合理组织整个服务供应链的服务传递系统并选择合适的传递方式，是服务业企业实现服务供应链协同运作的根本问题所在。

（二）服务的质量

对服务行业来说，质量在服务的传递过程中产生，通常这还包括顾客和服务人员之间的互动。当企业提供的服务达到或者超出了顾客的期望时，顾客就认为服务是高质量的。顾客经常用到的关于服务质量的衡量标准有以下五项：可靠性是指企业能够持续不变地提供正确、可靠的服务；响应度是指企业能够快速、及时地提供服务；信用度是指任用有知识、有能力、有礼貌的员工来进行服务，使顾客产生信任和信心；关怀度是指企业能够做到针对个体顾客实施的个性化关怀和关照；装备度是指服务的物理特性，包括企业为提供服务而具备的设施、服务人员、设备和其他顾客等。服务业企业可以制订一些与以上五项标准相关的标准，然后通过顾客意见卡或调查邮件对每一项质量标准的满意度进行询问并搜集数据，以此来度量服务质量绩效。另外，当产生不良服务时，企业必须能够采取迅速而又有效的补救措施来使顾客感到满意。

（三）个性化需求的满足

当今的市场，越来越以顾客为中心。谁能抓得住顾客，谁就能获得成功的关键砝码。而随着电子商务的发展，以往的大批量规模生产越来越不能满足人们需求，通过个性化定制，满足以往"个别"客户的个性化需求，是当今企业发展之道。顾客通过网络个性化订单，直接影响服务供应链的定制系统。服务业企业的服务系统必须和后续的供应链系统有高度耦合性。

三、实例

"酷漫居"作为一个动漫家具企业，通过控制动漫品牌及创意设计的源头，及时把握消费者的需求及喜好，从而整合了传统产业和文化上的多方资源，形成了自己独特的互联网＋体验中心线上线下O2O的渠道模式。在这个完整的产业链条中，它扮演的角色不是制造商，也不是简单的零售商，而是一个动漫文化、动漫品牌、创意设计和生活方式的品牌运营商，是青少年儿童动漫创意生活的电子商务平台，是产业文化化模型的实践者。

利用电子商务创新经营模式，进行业务外包。在外界人看来，酷漫居做事不按常理出牌。用杨涛的话说："我干了很多件家具同行都笑话我的事，甚至看不起我，我觉得没关系"。第一件事情就是把工厂卖了。"我原来有一个四万多平方米的工厂，我把工厂卖了，很多人都说'你疯了，没有工厂，你有什么产品'，说'你这是舍本逐末的死路'。但是，工厂卖了我就拿了第一笔风险投资，从一个传统制造型产业的公司，变成了一个轻资产的品牌运营型的公司。"通过与动漫结合的产品模式，与互联网结合的零售模式，酷漫居在产业链条中，扮演着品牌运营商的角色。正是凭借这种创新的运营模式，经过 SWOT 分析，认清核心优势，识别自己的核心资源和能力，进行业务外包。这也是酷漫居 2013 年"双十一"大胜的法宝之一。

利用电子商务扩展服务承载量。供应链管理要将顾客所需的正确的产品（Right Product）能够在正确的时间（Right Time）按照正确的数量（Right Quantity）、正确的质量（Right Quality）和正确的状态（Right Status）送到正确的地点（Right Place），即"6R"，并使总成本最小。几个"正确"是客户服务的体现。酷漫居利用淘宝用户评价区，鼓励和重视用户的差评，用心倾听顾客的心声。此外，对于售出的产品，只要消费者投诉，采取先赔付再商谈的策略。酷漫居正是通过这一系列措施将客户的服务承载量提升，将供应链管理中价值链的客户区管理好。

提供个性化定制的产品。传统家居制造行业，从下订单到收货需要一个漫长的生产、运输过程。酷漫居意识到，这样的生产流程越来越不符合顾客网购的消费需求。酷漫居借鉴了宜家的方式，将所有家居的"通用部件"标准化。当顾客提出个性化的要求后，酷漫居可以直接按照要求在这些标准化的通用部件上，采用改性的油墨（类似工业化的喷墨打印机的专利技术），将不同的动漫形象打印在家具上，将产品变得个性化。

四、启示与总结

电子商务是未来的大势所趋，它不仅是一个渠道，而且是一个工具。服务业企业要想在供应链竞争上战胜竞争对手，借助和整合电子商务是不争的事实。无论零售业还是其他类型的服务业企业都非常注重供应链的构建和管理。酷漫居家具公司成功的供应链管理经验已被业界很多企业模仿和学习。许多企业都进行了流程的重新组合和设计，对价值链进行了重新认识和深刻理解。可以说，供应链管理思想开始走进服务业企业。酷漫居家具的成功，离不开其董事长杨涛对电商趋势的准确把握及对其企业经营价值链环节的精准选择。以动漫融合家具，创新经营，择优去杂，业务外包，重组资源，构造核心竞争力，借助电商O2O，优化服务。酷漫居的成功是由一系列的因素所构成的，这里面无处不闪烁着供应链管理思想的火花。当然值得注意的是，服务业企业需要结合自身产品和经营特色进行深入分析，切勿照搬套用，只有这样才可能取得成功。

参考文献：

[1] 李金亮. 服务业企业供应链管理的重点 [J]. 长沙大学学报, 2009 (6)：14 - 15.

[2] 王敏. 电子商务环境下供应链管理的发展——移动供应链管理 [J]. 办公自动化学术研讨论文集, 2006.

[3] 朱鼎成. 沃尔玛供应链管理案例研究 [J]. 现代商业, 2008.

[4] 王雨婷. 基于电子商务的供应链管理模式及其应用 [J]. 现代商业, 2009.

[5] 李娜. 戴尔公司电子商务物流模式选择及构建案例分析 [J]. 中国集体经, 2007.

[6] 付秋芳, 王文博. 服务业企业的新型运作模式：服务供应链协同——以广东省服务业为例 [J]. 国际经贸探索, 2010 (3)：24 - 29.

[7] 程小栋. 供应链管理的价值增值潜力分析及其优化 [J]. 物流技术, 2014.

[8] 周峰. 现代服务业企业有效经营的策略 [J]. 当代经济, 2013 (17)：44 - 45.

[9] 董素玲. 零售企业供应链管理对策分析 [J]. 探讨与研究, 2013.

"锤子手机"的社会化媒体营销策略分析

王世公　薛万欣

　　摘　要：随着互联网与移动互联网在人们生活中扮演的角色越来越重要，通过各类网站、论坛、社区、通信软件进行宣传与营销活动的手段层出不穷。"锤子手机"是指由锤子科技（北京）有限公司设计与研发的一款高端智能手机。与传统手机厂商不同，锤子手机这个品牌的宣传，几乎全部依托于社会化媒体。锤子手机的创始人罗永浩善于利用社会化媒体的力量，运用社会化媒体营销，为他的个人品牌以及手机品牌进行了有效的宣传。本文从社会化媒体营销的角度，解析了锤子手机的营销策略。

　　关键词：锤子手机　社会化媒体　营销策略

一、社会化媒体营销

（一）社会化媒体的概念与特点

　　自（*what is social media?*）这本书第一次提到社会化媒体这个概念以来，社会化媒体就开始被人频繁地引用。简单地说，社会化媒体是一种给予用户极大参与空间的新型在线媒体，具有区别于传统媒体的以下几个显著特征：参与、公开、交流、对话、社区化和连通性。社会化媒体的本质是媒体与人际关系的结合，除了传播信息外还与处于媒体中的人们相互影响。

社会化媒体已不同于传统意义上的媒体，从以新浪微博为代表的微博类网站，到知乎等问答类网站，以及诸如微信、陌陌、易信等移动端通信社交软件，甚至如淘宝等电子商务服务，都可看作社会化媒体的一部分。社会化媒体时代，无论是作为传播渠道的媒体还是作为广告主的企业，都需要应对社交媒体带来的影响。媒体不具备社交化的属性，消费者的黏性就很难建立，所以无论是门户网站，还是电子商务平台，都在加入社交化元素来提升用户价值。

（二）社会化媒体营销的优势

随着互联网和移动互联网的发展，社会化媒体正在引领企业走向开辟营销渠道。社会化媒体营销就是利用社会化媒体的开放式平台，对社会大众进行的营销、销售、客户关系管理和服务的一种营销方式。

社会化媒体改变了传统的营销模式，成为现代社会具有重要战略意义的营销模式。例如，口碑营销、病毒营销、事件营销都是以社会化媒体进行的营销。社会化媒体因成本低、定位准确、传播速度快和影响大，已经被越来越多的企业关注与应用。微博营销的成功和微信营销的火热使社会化媒体营销的影响力深入人心。

二、锤子手机的营销之道

（一）罗永浩的个人品牌营销

　　研究锤子手机的营销策略，首先要研究锤子手机创始人罗永浩的个人品牌营销，因为锤子手机的营销是建立在罗永浩的个人营销之上的。罗永浩原本是新东方的一名老师，因为其讲课风格幽默生动，课堂上有很多"题外话"，或鼓励青年学生独立思考，或讽刺批评社会上的不合理现象。2004年有学生把他的"老罗语录"整理出来并发到网上，罗永浩从此走进了公众的视野，就此走红。之后罗永浩离开新东方，自己创办英语学校，创办牛博网，出版自传《我的奋斗》，在北京进行具有个人脱口秀性质的定期演讲"一个完美主义者的创业之路"，在微博上与方舟子进行骂战，为了维权砸西门子冰箱等。可以说，自罗永浩出名以来，从没有离开过公众的视野，他在微博上以犀利的言论著称，一直活跃在微博上，并且不定期出现在新闻头条上。

　　从 2004 年开始，罗永浩为自己累积了大量的人气，微博上的粉丝已经超过 600 万，知名度极高。通过微博与粉丝保持了互动，一直以高调的姿态存在。引起过很多话题，对于他个人的评价有褒有贬，但是罗永浩依然我行我素。

　　锤子手机具有其他手机品牌所没有的变数，也就是罗永浩的个人品牌。罗永浩本人的优势或者特点可以概括为以下几点。

第一，口才极好。作为一个老师能被人整理出语录，并且后来成名后的"一个完美主义者的创业之路"演讲场场爆满，罗永浩的演讲幽默、风趣、接地气。这是其他手机厂商不具备的优势。因为现在不管是苹果、小米还是华为，这些手机厂商发布新产品都会采用发布会的方式，一个人气高而且口才好的演讲者会让其增色不少。

第二，粉丝众多，知名度高。无论是新东方时期，还是牛博网时期，罗永浩都有一批铁杆粉丝，而且罗永浩的知名度非常高，这让他一宣布做锤子手机，就引起了公众极大的兴趣。

第三，始终都是话题人物。以犀利言论著称的罗永浩，不免会引起很大的争议，有人喜欢他就有人讨厌他。在微博上被罗永浩讽刺过的人不计其数，话题多关注度自然就高，但是这可能是把双刃剑，对于罗永浩本人过多的负面评价可能会给锤子手机带来不利影响。

总结起来，罗永浩通过互联网建立了鲜明的个人品牌，并且利用微博保持了自己的知名度。作为社会化媒体的典型代表，微博具有互动及时、传播成本低、信息传播速度快、传播准确等特点。罗永浩通过微博积累了粉丝，积累了人气，并且时不时地发表自己的"犀利观点"，始终有话题围绕着他。罗永浩的个人品牌与锤子手机的品牌密切相关，正是他成功的个人品牌营销，奠定了锤子手机的营销基础。

（二）锤子手机的社会化媒体营销

从苹果发布第一代 iPhone 开始，手机市场开始重新洗牌，以前的行业霸主摩托罗拉、诺基亚逐渐在市场竞争中被赶超。锤子手机 2012 年创立，当时国内的智能手机市场格局已经基本形成，苹果和三星无论从市场占有率还是知名度上都处于领头位置，而第二梯队竞争十分激烈，华为、小米、魅族等国产手机品牌各有特点，并且积累了一定数量的忠实用户。

罗永浩的锤子手机以一个"搅局者"的身份进入这个竞争激烈的市场，锤子手机不但是新厂商，而且是在手机领域甚至整个 IT 领域没有任何经验积累和品牌知名度的小厂商。如何在市场上站住脚，取得品牌知名度是锤子手机最开始需要考虑的问题。锤子手机成功地利用社会化媒体的力量，在资金极其有限的情况下让自己的品牌知名度迅速提高。

1. 将罗永浩的个人知名度转化为锤子手机的知名度

罗永浩最初是在微博上高调宣布自己要进入手机市场。2012 年 4 月 8 日，罗永浩的一条微博引起了业界的关注："愣头愣脑，欲望强烈。同时宣布近期就要注册一个新公司开始做手机了，每天都活在兴奋中。"并且对于其他手机品牌的缺点进行直言不讳的点评，引起了强烈的反响，一开始就让他的手机有了一定的知名度。罗永浩个人微博的 600 万粉丝的疯狂转发，让锤子手机一夜闻名。无论是支持他的粉丝，还是普通网友至少都知道了他的手机品牌。随后，各大门户网站的 IT 版块都跟进纷纷报道，免费为他的品牌做了宣传。

锤子手机的最初宣传，几乎没有任何的成本，利用个人微博建立起来的影响力，成功将其个人品牌与锤子手机的品牌结合到一起，让个人的粉丝成为锤子手机的第一批粉丝。

2. 通过微博上与粉丝的互动，保持关注度，持续吸引眼球

锤子手机创立于 2012 年，2013 年发布手机操作系统，但是直到 2014 年上半年才发布第一款手机 smartisanT1，这期间有大段的真空期。毕竟在互联网这样海量信息的世界里，再大的事件最多也只能持续发酵几天，如何站在潮头，巧妙地嫁接，这需要策划团队一环套一环地去策划，对每一个事件节点如何与产品、品牌嫁接，都需要做出不断的创造和创新。

罗永浩的做法是长期在微博上制造话题，在微博上与粉丝互动频繁，经常透露锤子手机研发过程的新进展，免费赠送刷成锤子 rom 的手机，并时不时地表达自己对智能手机行业的观点，保持了锤子手机的高关注度，始终没有让锤子手机离开大众的视线。

3. 与优酷合作，直播产品发布会，大力宣传"工匠情怀"

锤子手机的产品发布会通过优酷独家直播，发布会的直播过程中，累计登录观看人次高达 274 万，最高同时在线近 33 万人。发布会结束后，视频被各大视频网站转载，后续观看人数仍在持续增长。

对于没有太多资金投放广告的锤子手机，产品发布会显

得尤为重要。罗永浩本人极佳的口才和幽默的风格让锤子手机的发布会举办得十分成功，有人戏称罗永浩的发布会其实就是一场单口相声，足见其风趣。锤子手机的发布会显然是经过精心设计的，突出重点，扬长避短，将其他企业视为"秘密"的信息坦诚地与消费者分享，以十分真诚的态度，对自己产品的缺点也不掩盖；将自己与产业链里供应商接触的经历分享给消费者；传播自己的企业价值，提出不做性价比高的手机，不做奢侈品，不堆硬件。

发布会上，最重要的是大力宣传锤子手机的"工匠情怀"，在锤子手机之前，几乎所有的国产手机都在反复强调性价比，锤子手机另辟蹊径，不提性价比，反而以打造精品手机为目标。强调锤子手机的与众不同。以"工匠的情怀"、"认真"、"人文与科技结合"等关键词为卖点，提高了售价，跳出了手机市场一贯的价格战。

通过成功的产品发布会，很好地展示了锤子手机的创新点，并且让锤子手机的知名度再次提高，为产品上市做好了充分的准备。

三、结论

锤子手机从创立到宣传的过程中，社会化媒体扮演了重要的角色。锤子手机利用社会化媒体进行了成功的"三步走"，将个人品牌过渡为企业品牌，话题持续发酵，宣传企业文化与核心价值。只用了很低的资金成本就取得了良好的效果。

社会化媒体低成本、广传播的特点决定了社会化媒体在未来的企业营销中将发挥重要的作用，是每个企业都不能忽视的品牌营销与产品营销的渠道。

参考文献：

［1］ANTONYMAYFIELD. What is social media？［OL］www. doc88. com/ p－584429367616. html.

［2］肖维. 社会化媒体口碑营销传播模式研究［D］. 武汉理工大学，2012.

［3］吴香. 社会化媒体平台的营销研究［D］. 南京理工大学，2013.

［4］邓璐楠. 社会化媒体发展背景下的小米手机营销策略研究［D］. 华东理工大学，2013.

［5］王一. 社会化媒体发展背景下优衣库的营销模式研究［D］. 华东理工大学，2013.

［6］任佳春. 基于互联网的社会化媒体企业品牌传播研究［D］. 大连海事大学，2013.

［7］PHILIPKOTLER，KEVINKELLER. MarketingMangement［M］. 北京：人民大学出版社，2012.

中小物流企业的发展与扩张研究

赵帅男　滕祥东

摘　要：近些年，随着经济的发展及电商的崛起，物流业高速发展，物流市场的竞争越来越激烈，现代物流企业的发展趋势将是信息化、自动化占主导地位。如何在众多的国外物流企业和国内大中型国有物流企业中求得生存，是中小物流企业面临的一个严峻问题。本文将就中小物流企业目前的现状，对其在发展中如何提高竞争力，以及中小物流企业的扩张策略进行研究，希望通过本文的研究能够为中小物流企业的发展提供一些帮助。

关键词：中小企业　物流　发展策略

一、中小物流企业的概况

物流是指物资的实体由供应者到需求者的流动，包括空间位置的变动，时间位置的变动和形状性质的变动。其是根据实际需要，将运输、储存、装卸、搬运、包装、流通加工、配送和信息处理等基本功能实施有机结合。现代物流是以满足顾客的需求为目标，把制造、运输、销售等市场情况统一起来考虑的一种战略措施，追求的是降低成本，提高效率与服务水平，进而增强企业竞争力。

中小物流企业由于规模、资金以及声誉等方面与大型物流企业相比没有优势，所以导致了其与客户达成协议时成本高昂；获取信息方面成本高，能力弱；融资成本高，发展资金不足；竞争成本高。再者是现代中小物流企业缺少先进的管理技术，人才缺乏，我国社会对现代物流行业的不了解，物流行业缺少必要的外部环境，这些使得我国中小物流企业的发展举步维艰。中国进入改革开放的几十年，大量引进国外先进的科学技术、生产力，先进的管理经验、技术。与此同时，现代物流也在改革开放的大潮中发展起来。但我国现代物流行业的发展还处于初级阶段，在今后较长时间内将以中小物流企业为主体。要发展我国的物流事业，首先得从中小物流企业着手。

企业发展过程中出现的问题。一个成熟的物流市场往往呈现出有效竞争的格局，各种物流企业通过服务创新不断有效开拓新的物流服务领域，各展所长。但中国目前物流市场表现出许多不成熟性：一方面，是各种物流企业之间日益激烈的竞争，似乎中国物流市场进入了卖方市场；另一方面，各种物流企业正不断出现，存在潜在的最大物流需求的同时，出现了物流能力相对过剩的现象。目前，物流市场的竞争层次仍停留在瓜分现有市场的低层次恶性竞争上，市场竞争外部成本高，这为中小物流企业的发展带来许多困难。

中小物流企业的发展与扩张研究

二、中小物流企业如何提升企业竞争力

我国为发展国际物流业和国内物流企业提供了新的发展空间。信息技术、信息网络的发展普及将物流管理和控制过程中的众多步骤和环节联系起来，缩短了流程时间，降低了物流经营成本。现实状况表明，目前我国物流市场潜力巨大，中小物流企业有广阔的发展空间，其可通过以下方式提高企业竞争力。

（一）明确业务模式

中小物流企业构建竞争重点的前提是对市场业务范围进行准确的了解。一般情况下，物流企业业务范围往往由核心服务和增值服务组成。核心服务主要包括运输、仓储、库存管理等内容；增值服务主要有流通加工、包装等活动。中小物流企业由于自身在硬件和软件上相对比较落后的情况下，往往只能拥有其中的一到两项核心服务内容，如果再往其他核心服务领域延伸，不仅需要较大的投入，而且要承担更多的风险。在这种情况下，企业经营者可以多从增值服务上动脑筋，比如中小物流公司可以考虑协助客户简化作业流程，提高服务质量、生产率与快速反应能力，等等，这样可以以较少的投入，促进客户实际价值的提升，提升物流企业的核心竞争能力。

（二）专业化经营差别化物流服务

在物流行业，差异化客户的存在则是中小企业实施差异

· 149 ·

化战略的前提条件，也是中小物流企业提升竞争重点的着眼点。专业化经营差别化服务战略是中小物流企业通过自身的特色和专长，在深入了解行业所需要的物流服务特性的基础上，推出一些在全产业范围内都具有行业特色的服务，使用户对品牌产生偏好与忠诚。任何物流企业都不可能同时提供各种不同的服务，于是，中小物流企业应当在准确的物流业务范围的基础上，选择大中型物流企业经营的缝隙，实施差别化战略，将仓储、运输、包装和配送等物流环节进行整合，提供一套完整的物流增值服务，在物流核心业务基础上增加特别物流增值服务，体现自身的服务专业化和差异化。

（三）建立相应的人才激励机制，加强现代物流人才的培养

物流产业是一个跨行业、跨部门的复合产业，同时也是劳动密集型和技术密集型相结合的产业，所以发展物流产业不仅需要高级物流管理人才，更需要大量物流执行型人才。为此，必须加速人才的培养，在发展学历教育的同时，发展非学历职业培训教育。这就要求中小物流企业一方面引进高素质人才，另一方面为专业人才提供一个施展才华的空间，并确立合理的薪资结构、良好的福利保障和激励机制来留住人才。可以从以下几个方面着手：着重制订人才战略计划和措施，对现有的从业人员进行培训，提高企业人员的现代物流业务知识和业务水平；利用社会资源与大学、培训机构合作提高员工的实际操作能力，强化职业技能教育，从而实现

"人才兴企"战略目标，提升中小物流企业的竞争能力。

（四）创新求稳，有效控制总成本

中小物流企业能够在竞争中脱颖而出，这与企业在各方面的创新是分不开的，创新的目的就是让企业确立与市场需求相适应的新的经营管理理念和管理模式，以求在同一阶层的对手中，在服务价格和内容相似的情况下，产生差异化，使客户能够在付出同样资金的情况下能够获得更良好的服务。这样就可以保证在现有紧张的市场环境下，企业能占有自己的一席之地。中小物流企业在实际的运作中可以根据经营范围以及边际成本适当增减业务量，提高企业资金利用率，减少资源闲置和浪费，以取得竞争优势。

三、中小物流企业的扩张策略研究

中小物流企业在制订扩张策略之前，可以通过"PEST模型"分析企业所处的法律政策环境、经济环境、社会文化环境和技术环境等宏观因素；运用"五力模型"和"行业市场集中度模型"分析企业所处的行业环境和竞争格局；在此基础上，结合SWOT模型或通用矩阵综合分析企业的内外部环境，找出企业的发展机会；通过行业市场吸引力和企业自身竞争力分析，从而制订扩张策略。由于中小物流企业自身实力较弱，抗风险能力不强，所以企业的扩张策略制订和选择要遵循科学谨慎的原则。

为了防止物流企业扩张的失败，在有成长机会时，企业经营者可以根据自身企业的特点选择适合企业的扩张模式。

（一）聚焦战略

聚焦战略也称为使用单一产品或服务的集中增长战略，就是物流企业通过集中自身资源能力和组织精力向特定的目标客户提供他们真正需要的产品和服务。该战略的前提思想是：企业物流业务的专一化，能以更高的效率和更好的效果为某一狭窄的细分市场服务，从而超越在较广阔范围内竞争的对手们。这样可以避免大而弱的分散投资局面，容易形成企业的核心竞争力。一般企业实施集中型战略的原因在于：在相关市场内缺少一个完善的产品系列（产品系列缺口）；通往相关市场或在相关市场内的销售渠道体系不完整或不健全（渠道缺口）；现有的市场潜力没有得到充分利用；竞争对手存在销售缺口。

但是运用单一服务的扩张策略风险较大，因为一旦企业的服务市场萎缩，企业就会面临困境。

（二）多元化战略

不相关多元化：一般企业的优势在于行业经验和技术的积累，中小物流企业主要的优势在于现有的市场。选择不相关多元化，意味着不能运用企业现有的优势资源，一切从新开始，包括摸索行业情况、市场开发等。如果行业选择正确、后期经营得当，企业可以迅速赢利，但这种状况对刚进入陌生区域的后来者来说很难实现。进入不带来战略匹配价值和协同效应的经营领域，对于一般企业来说不是明智的选择，非相关多元化可能是一条企业快速成长之路，也绝对是一条充满风险的高危发展之路。如果企业的实力较弱，重新开拓新的市场将带来资金的压力，也没有力量直接兼并成形的企业，利用其现有的资源。

相关多元化：是指进入与企业现在的业务在价值链上拥有竞争性的、有价值的"战略匹配关系"的新业务。如将专有的领先服务，由一种经营转到另一种经营中去；合并不同经营业务的相关活动，降低经营成本；在新进入的经营业务中借用企业原有品牌的信誉；能够为自身营造有价值的竞争能力的协作方式而实施相关的价值链活动。顺丰快运的实体体验店，就是运用相关多元化把自有的领先的快递服务结合实体体验店的销售业务，把快递服务和销售平台相结合，使自身的服务产品得到多元化的扩张。

（三）一体化战略

横向一体化：通过收购同类企业达到规模扩张，是物流企业服务能力扩张的一种形式，这种扩张较为容易和迅速。这在规模经济性明显的产业中，可以使企业获取充分的规模经济，降低成本，获得竞争优势。但横向一体化战略需要大量的资金，而且实施时会遭遇企业和被收购企业之间管理协调的问题，特别是企业文化的融合问题。

纵向一体化：是物流企业在两个可能的方向上扩展现有经营业务的一种扩张策略，它包括前向一体化和后向一体化。纵向一体化的战略利益主要体现在以下方面：（1）业务流程可以实现经济性，不仅可以提高企业运营效率，而且可以有效降低交易成本和稳定交易关系。（2）它提供了进一步熟悉业务上游或下游相关资源的机会，这种信息技术的获得对原有业务的开拓和发展非常重要。（3）确保物流企业在业务紧缺时得到充足的供应，或在服务需求较低时获得一个服务输出渠道。

成长期的中小物流企业应该根据企业自身的实际情况、发展时机，谨慎决策是否开展扩张策略及选择何种扩张策略，既不应盲目跟风、趋之若鹜，也不应全盘否定、一味排斥。总之，应该保持理智，以科学谨慎的态度考虑扩张策略。在扩张策略实施前要考虑：企业在实行扩张策略的过程中由于某种原因暂时受阻，它是否有能力保持自己现有的竞争地位？如果回答是肯定的，那表明企业具有充分的资源来实施扩张型策略，反之则不具备。

四、结论

从传统中小物流到现代中小物流的转变是一个漫长的过程。对于中小物流企业的发展来说，主要是靠自身更新管理观念，采用先进管理技术，培养人才使自身具备强大的竞争力，再加以政府、社会的大力支持，中小物流企业会迎来明日的曙光。

参考文献：

［1］项秀兰，彭春露．运用波特五力模型分析我国第三方物流企业竞争力［J］．物流工程与管理，2012（12）．

［2］邓传红．我国中小物流企业竞争力分析［J］．物流技术，2006（8）．

［3］顾淑红．中小型第三方物流企业发展策略研究［J］．中国市场．2007（Z2）．

［4］江劲松．我国企业物流成本管理研究［J］．山西财经大学学报．2012（S2）．

［5］林旭，辛勇．民营物流业组织管理现状分析及对策研究［J］．中国商贸，2012（9）．

［6］付荣华．运输型物流服务供应商绩效管理体系的构建［J］．中国商贸，2012（9）．

［7］文龙光．中小型企业物流管理问题的探讨［J］．中国商贸，2011（30）．

［8］海岚．中小物流企业融资模式探讨［J］．物流工程与管理，2011（10）．

［9］马一宁．浅论物流企业信息化管理模式与控制［J］．中国商贸，2011（18）．

［10］RAMAZAN ERTURGUT. The Future of Supply Chain and Logistics Management in the Strategic Organizations：Contractor Companies and New Generation Suppliers［J］. Procedia – Social and Behavioral Sciences，2012.

［11］RAMAZAN ERTURGUT, SERHAT SOYSEKERCI.

Professional manager education on logistics and supply chain management [J] . Procedia – Social and Behavioral Sciences, 2011.

[12] JOB DE HAAN, DANUTA KISPERSKA – MOROŃ, EWA PLACZEK. Logistics management and firm size: a survey among Polish small and medium enterprises [J] . International Journal of Production Economics, 2007 (1) .

物流企业 ERP 选型因素及其指标构建分析

王克燕　乔东亮

摘　要：近年来，随着电子商务的发展，改变了企业传统的销售方式以及消费者的购物方式，使得送货上门等物流服务成为必然，极大地促进了我国物流企业的发展，同时物流企业之间的竞争也越来越激烈。如何合理协调 ERP 软件价格、功能与企业需求的关系，选择到最合适的软件，对提高物流企业的信息化水平和竞争力水平至关重要。本文对物流企业 ERP 软件选型进行分析，并构建了面向物流企业的 ERP 软件选型指标，为物流企业的 ERP 软件选型问题出谋划策。

关键词：物流企业　ERP　选型因素　选型指标

ERP 不仅仅是一个系统和软件，更是一个先进的管理思想，它实现了企业内部资源和与企业相关的外部资源的整合。我国物流企业在激烈的竞争中，面临着巨大挑战，供货周期缩短，利润空间减少，市场竞争的全球化，客户对产品质量以及可追溯性要求的不断提高。通过 ERP 改善物流运作，不仅可以加快供应链上实体物料和商品的流速，还可以加速信息流及资金流、管理流和增值流等。目前，ERP 已成为大型企业管理中不可或缺的有力管理工具，是物流企业现代化和信息化程度的重要标志。恰当的 ERP 选型是 ERP 实施成功的前提条件和关键因素，本文主要分析物流企业 ERP 选型要考虑的因素及选型指标研究。

在经济全球化和电子商务的双重推动下，物流企业正在从传统物流向现代物流迅速转型，并成为当前物流企业发展的必然趋势。以信息技术为核心，强化资源整合和物流全过程优化是现代物流的最本质特征。据权威机构调查，在一大部分应用不成功的案例中，因软件选择失败的占 67%，因管理协调不够而失败的占 13%，因实施步骤过急而失败的占 9%，因人才流失而失败的占 8%，因软件厂商服务支持不够而失败的占 3%。从以上调查结果可以看出，软件选型失败占 ERP 失败原因的绝大部分。

一、我国物流企业 ERP 应用现状

物流企业指从事物流活动的经济组织，至少从事运输（含运输代理、货物快递）或仓储一种经营业务，并能够按照客户物流需求对运输、储存、装卸、包装、流通加工和配送等基本功能进行组织和管理，具有与自身业务相适应的信息管理系统，实行独立核算、独立承担民事责任的经济组织。物流企业按照主营业务不同，可以分为运输型、仓储型和综合型三类。

我国物流企业的信息化建设始于 20 世纪 70 年代，20 世

纪 90 年代中后期才进入迅速发展阶段，相对于国外而言起步较晚。随着经济全球化趋势的加强，信息技术的飞速发展，大型物流企业在全世界优化资源配置。跨国物流企业纷纷进驻中国，抢占中国物流市场。面对强大的市场竞争对手，我国物流企业为了能在激烈的市场竞争中生存发展，必须有效集成企业内外的各项资源，利用先进的管理模式降低运营成本，提高经营效率，为客户提供优质服务。为了实现这些目标，国内物流企业尤其是大型企业纷纷引进物流软件系统，加强本企业的信息化建设，如中国远洋运输集团、中铁物资集团、德邦物流等企业都实施了系统引进。另外，现在网上购物为物流企业带来了巨大的新机遇，但同时也让他们之间的竞争更加激烈，物流企业进入"战国时代"。过去物流企业起点低，几个人、几辆车就可以运转。如今在电商的强劲带动下，物流企业对信息技术的依赖性越来越强。

物流企业实施 ERP 系统后，经营效率将得到逐步提高。据美国 APICS 统计，使用 ERP 系统可以为企业带来多方面的经济效益，如延期交货减少了，准时交货率提高了，管理人员减少了 10% 等。中国仓储协会组织的《第六次中国物流市场供需状况调查报告》统计的数据表明：物流企业在物流系统改善过程中，实施 ERP 信息化管理的占 56%，比第五次调查结果同比增长了 9%。可见物流企业 ERP 系统的应用程度在不断提高，实施 ERP 已成为大多数物流企业改善物流系统、提高竞争力的主要途径。

总体来说，我国物流企业运用 ERP 系统的进程正在不断加快。不过，目前 ERP 运用还处在初级阶段，不同规模企业之间的应用情况存在较大差异。大型物流企业资金实力雄厚，管理比较规范，ERP 应用步伐相对快一些。而对于运作资金相对缺乏的中小物流企业来说，因为 ERP 项目的实施费用大，所以实施的积极性非常低。

二、ERP 选型因素分析

我国物流企业要保证 ERP 成功实施，首先在 ERP 软件选型上要做到"知己知彼"。知己，就是要知道自己属于什么行业，什么生产类型，自己在管理上存在哪些问题，有哪些需求，希望通过实施 ERP 达到什么样的目标等；知彼，就是要知道有哪些主要的问题和帮助企业形成什么样的发展模式。这样做的另外一个好处就是可以尽早发现企业的问题，并判断是否可以通过 ERP 来解决。

（一）选型前对企业自身需求和现存问题进行科学的分析

在正式选型之前，应根据所确定的 ERP 系统的目标，结合物流企业自身的管理需求和存在的问题，评估一下企业自身的实施基础，再确定出选型的方向。管理需求分析是在企业诊断的基础上进行的，包括宏观和微观需求分析，主要解决两个问题：一是上 ERP 系统的时机，二是对 ERP 系统的具体要求。通过管理需求分析，找到物流企业目前管理中存在哪些无效或低效环节，明确企业的规模、运作类型以及对 ERP 系统的特殊需求，为 ERP 选型提供依据。

1. 宏观需求分析

宏观需求分析主要回答三个问题：企业该不该上 ERP？有没有条件上 ERP？什么时候上？具体来说，要考察以下内容。

（1）企业的市场环境与竞争特点；企业的产品和服务；技术发展趋势如何；有哪些竞争对手；竞争对手的策略是什么。

（2）影响企业竞争力和制约企业发展的主要因素有哪些。

（3）企业当前最迫切需要解决的问题是什么；ERP 系统能否解决。

（4）上 ERP 的时机是否成熟；资金投入是否能够保证到位。

（5）ERP 系统的投资回报率或投资效益如何。

2. 微观需求分析

可行性报告获准后，就要进入详细的微观需求分析阶段，微观需求分析是从业务流程分析入手，分析业务流程要以供需链管理的思想为指导，切忌按现有部门的业务来做条条块块式的流程分析，而是按照业务的全过程来进行流程分析。具体内容有：

（1）各个部门需要处理的业务需求。

（2）不规范问题的症结所在，并进一步研究采用 ERP 系统以后，这种管理方案的好处在哪里。

（二）进行 ERP 选型的信息搜集

本论文中的信息搜集过程是指物流企业根据自身的需求，搜集相应 ERP 软件供应商和产品的信息，从而初步确定候选 ERP 供应商和产品的过程。

1. 对 ERP 产品的信息搜集

（1）软件功能

即产品是否能满足物流企业管理上的需求，满足到那种程度，特别要考虑软件有没有提供物流企业所需要的核心功能。对于部分特殊的需求，是否有针对性的解决方案。

（2）软件技术水平

如视窗操作、图形化的功能界面与桌面、主要应用系统的集成、方便的界面和菜单设计功能、工作流的操作界面等，使操作简单、直观、易学。一般而言，成品的 ERP 软件在通用功能上是可以接受的，但是软件不可能照顾到每个企业的个性化需求，二次开发就显得非常重要。因此，还应对二次开发的可能性及其范围、成本、效果等有初步的了解。说到底，管理软件应该成为我们的管理工具，要帮助我们简化流程，而不是增加我们的工作量，所以一套真正易学易用的软件是必需的。

（3）软件性能

①提供了灵活、完整的解决方案。企业可以根据自己的需要分阶段、循序渐进地选择从简单到复杂的控制系统。

②是否有集成化的企业级综合解决方案。在采用现有解

决方案的基础上，企业是否可以很容易地扩展到电子商务、办公自动化、客户关系管理、供应链管理等系统的综合应用，并且所有这些解决方案都是无缝集成的。

③二次开发平台。在项目实施和运行的过程中，可随时把自己的各种独特应用增加到系统中去，使用简便，易维护，并且没有系统升级等的后顾之忧，能否提供稳定可靠的二次开发能力是 ERP 项目导入成功与否的关键因素之一。

④软件费用。包括 ERP 软件费用、其他基础支持软件费用（包括操作系统、数据库系统等）、实施费用以及维护成本的总和。

2. 对软件供应商的信息搜集

（1）技术能力

具体来说，可以考察软件供应商的研发机构、技术合作伙伴、研发出来的产品线、软件产品升级及维护技术和实施成功率等。软件提供商的技术能力与企业所购买的软件产品的先进性、安全性、集成性和可维护性等方面密切相关。因此，物流企业在信息搜集过程中，应该对软件提供商的技术能力给予极大的重视。

（2）服务能力

软件供应商的服务能力可以从其售后服务范围、咨询能力和培训服务几个方面来考察，服务能力是 ERP 软件供应商拓展物流企业市场的重要因素，据调查数据发现，接近40%的物流企业在采购 ERP 软件过程中，对 ERP 软件供应商的服务能力尤为关注。

（3）行业解决方案和行内的信誉

通常某种特定行业会有特定的软件供应商，这包括软件公司的历史、财务状况等。因此，物流企业在考察软件供应商时，应该密切留意供应商提供的与自身相似的行业解决方案，看其是否符合自身的需求，也要密切关注 ERP 供应商的信誉。

（4）合作态度和合作诚意

ERP 项目的引进和导入，公司和服务商之间的合作是非常重要的，服务商是否以积极有效、务实和负责任的态度与本公司进行合作，是否对本公司的需求做出最为及时的响应，是否本着务实、可行的精神提出有关解决方案，并做出合理建议，是否在项目实施过程中能够给予及时的支持与配合，等等。

（三）组建精干高效的选型团队

企业作为实施 IT 项目的主体，ERP 的选型不是某个人或某个部门能够全权操作的，通常需要建立一个相对稳定的组织，同时该小组必须有领导的参与，因此，组织一个精干高效的 ERP 项目选型小组，对于正确选择和实施 ERP 软件产品是非常重要的。选型团队必须具有多方面的知识和技能，如技术方面的能力、领导能力、管理能力、组织能力、解决问题的能力和谈判能力等。

（四）根据自己的发展战略和目标来确定实施 ERP 的目标，并以此选择相应的 ERP 软件

要合理定义实施 ERP 的层次化目标，要根据自己的发展

目标来选择相应的 ERP 软件。选择 ERP 实施目标的最简单方法就是：找出企业最想通过上马 ERP 解决什么样的问题和帮助企业形成什么样的发展模式。

三、物流企业 ERP 选型指标体系的构建

物流企业本身具有与制造业不同的特征，为了选择符合企业自身需求的 ERP 软件，必须建立一套科学合理的评价指标体系。结合上述 ERP 选型因素和物流企业的特点，通过筛选和整合，从软件性能、软件技术水平、软件功能、软件费用和供应商属性五个方面构建了面向物流企业的 ERP 软件选型指标体系，具体参见表 1、表 2。

表 1　物流企业 ERP 软件选型评价指标

一级指标	二级指标
软件性能	系统的稳定性、安全性
	系统的易用性
	系统的集成性
	系统的可扩展性
软件技术水平	体现 ERP 管理思想的先进性
	跨平台操作性
	二次开发工具水平
软件功能	功能模块覆盖物流业务范围
	模块可用性程度
	行业适用性
	电子商务支持水平

一级指标	二级指标
软件费用	系统购置费、实施费
	培训咨询费
	二次开发与升级费
	软件维护费
供应商属性	供应商技术水平
	服务支持水平
	供应商经济实力与信誉

表 2　模块可用性程度

三级指标	四级指标
库存管理模块可用性	物料管理
	入库业务管理
	出库业务管理
	动态库存管理
	拣配和包装处理
	库存成本核算
	标准数据报表
配送管理模块可用性	订车与调度管理
	在途车辆与货物管理
	客户收货管理
	配送费用查询和核算

三级指标	四级指标
供应链管理模块可用性	供应商资源管理
	交易平台与订单管理
	供应网络计划和配置
	是否全面支付委托代理业务
客户关系管理模块可用性	客户资源管理
	市场管理
	售后服务与支持
	商务智能

四、结论

选型好比战略，实施则是战术，在错误的战略指导下，再好的战术都无法实现目标。"只选对的，不选贵的，鞋子穿到脚上要合适才行。"这是对物流企业选择 ERP 的中肯建议。在 ERP 选型时一定要充分考虑企业自身的财务、管理以及行业特点，要结合目前实际与未来发展，不能不考虑企业自身客观情况就选择一个比较"豪华"的产品。因为现在许多物流企业的信息化程度还非常低，技术基础薄弱，技术人员素质不高。由于企业的多样性和复杂性，任何 ERP 软件都不可能覆盖企业的方方面面，不能产生依赖 ERP 的心理，坐等 ERP 解决企业所有问题。要选择能适应企业业务的个性化和便于调整的 ERP。物流企业在进行市场考察时，要从务实和适用的角度出发，选购适合自己的 ERP 软件。

综上所述，我们选择 ERP 系统时，应该时时以企业自身的价值为中心，结合软件的特点和企业短期及长期发展目标，选择最适合本企业的 ERP，而不是最好的 ERP。一个软件是否优秀，并不仅仅取决于软件本身，应在于这个软件所体现的管理思想。

参考文献：

［1］夏磊，莫云生. ERP 中的物流模块研究［J］. 中国管理信息化，2006，9（1）：10－13.

［2］谌翠英. 基于 BPM 的 ERP 实施关键成功因素研究［J］. 广西大学，2013（5）：19－20.

［3］第六次中国物流市场供需状况调查报告摘要［R］. 2005（11）：41－47.

［4］第五次中国物流市场供需状况调查报告［R］. 2004（10）.

［5］王少君，陈子豪. 面向物流业的 ERP 软件选型分析与评价研究［J］. 物流技术，2012（15）：268－271.

［6］沈钦文. ERP 软件选型问题的研究［J］. 现代管理科学，2003（10）：67－68.

［7］崔南方，陈荣秋. ERP 系统的选型与实施［J］. 科研管理，2001（5）：16－19.

［8］白海青，毛基业. 影响 ERP 成功应用的关键因素因果模型［J］. 管理世界，2011，3.

［9］赖静雯，朱南. 中国企业实施 ERP 的思考［J］. 管理世界，2003，2.